Marie-Isabelle **PIEL**

Changer de vie... ou changer MA vie ?

Identifiez les petits ou grands changements dont vous avez besoin pour vous épanouir enfin

Vuibert

Design maquette et mise en page : Justine Collin
Illustrations : Freepik

ISBN : 978-2-311-15163-3

5, allée de la 2e D.-B.
75015 Paris
www.vuibert.com

Table des matières

Introduction

Un jour, Sandrine m'a annoncé qu'elle allait quitter son poste d'acheteuse dans un groupe industriel pour devenir artisan chocolatier. Plus tard, mes amis Charles et Christine m'ont fait part de leur projet d'aller reprendre un gîte et des chambres d'hôtes dans une autre région. Il y a aussi eu Orianne, ingénieure au potentiel reconnu, qui a décidé de se former à la poterie. Et puis Julien, qui a réduit son temps de travail dans l'enseignement pour progressivement reprendre une exploitation agricole. J'ai toujours été émerveillée par de telles démarches. Chaque fois que je croisais une personne qui me racontait son changement de vie, j'étais admirative. Je ne me suis pourtant jamais dit, en entendant un de ces récits, « Oh, je voudrais faire la même chose », car je sais que je ne suis pas faite pour ouvrir des chambres d'hôtes ou faire de la poterie mon métier, mais je suis chaque fois impressionnée par cette volonté de passer de l'envie à l'action, du rêve à la réalité ; par ce courage parfois, cette audace toujours, de franchir le pas...

Sans doute suis-je fascinée parce que j'y pense pour moi-même, sans avoir (encore ?) vraiment trouvé quelle serait pour moi cette autre voie que celle que je suis actuellement... à moins que je ne sois en train de la mettre en œuvre en écrivant ce livre et en réfléchissant à comment faire plus de place à l'écriture dans mon existence.

Nous sommes nombreux à vouloir « changer de vie ». Qui ne s'est jamais demandé : « Suis-je vraiment à ma place ? », « Pourquoi ai-je l'impression de passer à côté de ma vie ? », « Pourquoi suis-je habité de tant d'émotions désagréables depuis quelque temps ? ». Il y a ceux qui rêvent d'autre chose et qui passent à l'action, ceux qui en rêvent toute une vie sans mettre en œuvre quoi que ce soit, peut-être simplement parce qu'ils ne savent pas par quel bout prendre le sujet et répondre à leurs questions, et puis ceux qui vont y renoncer en conscience ou mettre en œuvre un autre changement...

Nous sommes nombreux à vouloir « changer de vie », mais sommes-nous tous destinés à le faire ? Le voulons-nous d'ailleurs tous réellement ?

En alliant ma fascination pour les récits de changements de vie et ma passion pour l'écriture, je suis allée à la rencontre de personnes qui étaient passées par là. J'ai rencontré une vingtaine d'hommes et de femmes, deux couples aussi : des personnes de différentes tranches d'âge, issues d'horizons extrêmement différents et résidant en France pour la plupart. Elles m'ont ouvert les portes de leur maison parfois, de leur vie très souvent, et m'ont confié avec beaucoup de sincérité – et d'émotion quelquefois – leur histoire, les enseignements de leur parcours, leurs difficultés aussi... Chacune de ces rencontres fut un réel moment de plaisir et chacun de ces témoignages a représenté un véritable cadeau. Dans mon expérience RH également, j'ai pu observer combien il était précieux, et parfois difficile, pour un salarié de questionner sa réalité professionnelle pour identifier comment mettre en œuvre ses compétences et son expérience, répondre à la fois à ses aspirations professionnelles et à son désir d'épanouissement, tout en trouvant un équilibre entre vie personnelle et vie professionnelle. Là aussi il est question pour la personne de « trouver sa place » et de « trouver du sens », que la solution soit dans l'entreprise ou à l'extérieur. Tous ces échanges m'ont permis de nourrir ma réflexion et ma vision de ce sujet.

Aussi, je vous propose au travers de ce livre un voyage, dont la première étape consistera à définir ce que l'on entend par « changement de vie » et à tordre le cou à certaines idées reçues sur le sujet. Ensuite, nous nous intéresserons aux profils des personnes qui changent de vie, ainsi qu'aux déclencheurs de cette fameuse remise en question. Nous verrons également comment mettre en œuvre son changement de vie, en nous penchant sur les différentes étapes qui le constituent et en découvrant quelques outils qui peuvent nous guider dans ce cheminement. Nous terminerons notre exploration en faisant le tour, d'une part, des 12 facteurs de succès qui seront des alliés sur notre chemin, et d'autre part, des 10 freins et peurs auxquels nous pouvons être confrontés en nous engageant dans cette réflexion.

Tout au long de cet ouvrage, j'illustrerai mon propos de témoignages des personnes que j'ai rencontrées : certains résonneront sans doute en vous, en fonction du stade de votre cheminement.

À la fin de certains chapitres, je vous proposerai des rubriques « C'est à vous ! » pour vous permettre de vous poser un moment et de réfléchir à votre situation personnelle, en vous guidant avec des questions en lien avec le chapitre concerné. Je vous invite à choisir un (joli) carnet dans lequel vous pourrez noter vos réponses et les compléter au fur et à mesure de votre lecture. Vous pourrez également y écrire les commentaires et les idées qui vous viennent à l'esprit.

Ce livre ne vous fournira pas de recette miracle pour changer de vie. Il représente plutôt une invitation à mener une réflexion, à explorer votre intériorité pour définir un cap, *votre* cap, et vous mettre en chemin, pour aller plus ou moins loin, plus ou moins vite, en fonction de ce qui est juste pour vous.

J'espère que cette lecture vous sera riche et agréable.

Je vous souhaite de ne pas forcément *changer de vie*, mais peut-être plutôt de changer *des aspects de votre vie* pour vous rapprocher de celle que vous souhaitez au plus profond de vous-même pour vous-même.

Puisse la chenille qui est en vous devenir papillon !

Partie I

Au fait, c'est quoi un « changement de vie » ?

N'avez-vous jamais rêvé de changer de travail ou de quitter la ville où vous vivez ? N'avez-vous jamais songé à faire plus de place à des projets qui vous tiennent à cœur, voire à adopter peut-être une vie radicalement différente de celle que vous menez ? Il semble que nous soyons nombreux à avoir déjà pensé à « changer de vie » à un moment de notre existence.

À en croire les statistiques[1], sept Français sur dix auraient envie de « changer de vie », et 90 % des gens auraient déjà pensé à se reconvertir. On dit aussi que le nombre d'entrepreneurs a connu une évolution fulgurante ces dernières années. On entend également que les métiers manuels ont le vent en poupe. Et que la crise sanitaire aurait eu un impact, avec notamment un certain exode urbain vers la campagne. Et puis il y a ces émissions qui nous font rêver avec les témoignages de personnes qui ont quitté leur vie pour une autre et qui s'en trouveraient le plus souvent très heureuses.

De quoi se demander : « Et moi, qu'est-ce que j'attends pour changer de vie ? » Il faut dire que nous traversons tous des moments où l'on en a assez de notre boulot, où l'on s'ennuie dans un quotidien peut-être trop contraignant, trop stressant, trop étroit… Alors, on se surprend à rêver : « Et si j'allais ouvrir une crêperie en Bretagne ? », « Et si je me lançais dans la création et la vente de bijoux ? ». Mais il n'est pas si facile de changer de vie, surtout s'il s'agit de « tout plaquer » pour faire complètement autre chose ailleurs. Alors, on rêve un temps et puis on reprend son chemin…

1. Podcast « Grand bien vous fasse ! » (France Inter), épisode *Comment oser le changement de vie ?*, 15 septembre 2020.

Chapitre 1

Vous avez dit « changement de vie » ?

•

Changer de vie ou changer quelque chose dans sa vie ?

Il y a bien sûr les changements de vie radicaux, et ce sont en général ceux-là que nous montrent les médias et qui font rêver certains d'entre nous, mais ne s'agit-il que de cela ? Il est important de noter que ces changements-là restent marginaux et que, par contre, nombreux sont les individus qui changent « quelque chose » dans leur vie.

Bonne nouvelle, donc. On peut changer de vie sans nécessairement donner un grand coup de pied dans la fourmilière. Reste à savoir ce que nous devons changer dans notre existence, car le terrain de jeu est vaste : boulot, famille, lieu de vie, loisirs… On peut en effet implanter des changements dans un ou plusieurs volets de notre vie. On constate toutefois souvent que, quand les gens abordent un éventuel changement de vie, il y a généralement le désir de changer quelque chose dans la sphère professionnelle. Normal, puisque l'on y consacre une grande partie de notre temps. Et cela se vérifie dans les échanges que j'ai pu avoir avec les personnes que j'ai rencontrées. C'est pourquoi, devant la vaste gamme des changements de vie possibles, j'ai choisi dans ce livre d'accorder une place privilégiée aux changements de vie qui supposent une modification dans la sphère professionnelle. Nous verrons toutefois que d'autres changements sont possibles, et surtout que le changement de vie n'est pas toujours où l'on croit...

Pourquoi cette envie titille-t-elle tant de nos contemporains ?

Nombreux sont ceux parmi nous qui envisagent un éventuel changement de vie alors que nos grands-parents n'y songeaient même pas ! Pourquoi ? Si l'on considère les quelques dernières décennies, on observe dans le monde du travail de grandes évolutions qui ont eu un impact sur notre rapport au travail. En effet, il y a un siècle, les hommes et les femmes travaillaient pour vivre. Il s'agissait de gagner de l'argent pour subvenir à ses besoins et à ceux de sa famille : pouvoir se loger, se nourrir et s'habiller. Puis, dans l'entre-deux-guerres, sont apparus les congés payés. L'idée d'« être payé sans travailler » date de 1936 en France. Cette nouvelle législation a ouvert progressivement la porte au développement des loisirs, du tourisme, des vacances, et même si tous les Français ne partaient pas en vacances, il était alors devenu possible de se reposer, de s'ouvrir à d'autres activités et de faire autre chose que travailler tout en continuant à être payé. Plus récemment, on a pu constater que les salariés ne recherchaient plus forcément un « travail à vie », ni même un CDI. Par ailleurs, on a pu voir d'autres formes de travail émerger, comme le fait de combiner plusieurs activités, et par là même parfois plusieurs statuts, ou encore la volonté de concilier plusieurs temps partiels, auprès d'employeurs différents, pour, dans certains cas, se ménager des périodes avec un rythme plus ou moins soutenu. Et en parallèle, on a vu apparaître la notion de la réalisation de soi dans son travail. De plus en plus de Français souhaitent trouver du sens dans leur activité professionnelle et s'y épanouir. Ainsi, quatre actifs sur dix se poseraient la question de changer d'emploi pour un travail davantage porteur de sens[2]. Toutefois, il est bon de préciser que la question du « sens au travail » est subjective. Pour certains, il se traduira par le sentiment d'être utile, alors que pour d'autres il s'agira d'avoir la possibilité de développer ses connaissances et ses compétences, ou encore d'avoir un impact social, économique ou écologique positif.

De nos aïeuls qui travaillaient dur pour gagner leur pain à la sueur de leur front, à nos contemporains qui recherchent de plus en plus de sens au travail : quelle évolution ! La pyramide de Maslow peut contribuer à expliquer ce cheminement. Abraham Maslow, psychologue américain, a en effet conceptualisé et hiérarchisé sous forme de pyramide les besoins des individus. À la base, se trouvent les besoins physiologiques (manger, boire, dormir...). Suivent les besoins de sécurité (protection, stabilité), puis d'appartenance (intégration dans un groupe), ensuite les besoins d'estime (être reconnu, aimé). Au sommet de la pyramide se trouve le besoin d'accomplissement (se développer, s'épanouir). Pour qu'un individu se préoccupe d'un besoin, il faut que ceux situés en dessous dans la pyramide aient été satisfaits. On comprend donc que nos aïeuls tentaient de répondre à leurs besoins physiologiques et de sécurité, alors que nos contemporains, voyant la plupart de leurs besoins essentiels satisfaits, peuvent se préoccuper de leur besoin d'accomplissement.

---

2. Sondage réalisé par Opinion Way à la demande de l'ANACT (publié le 16 juin 2022, modifié le 29 juin 2024).

La hiérarchie des besoins selon la pyramide de Maslow

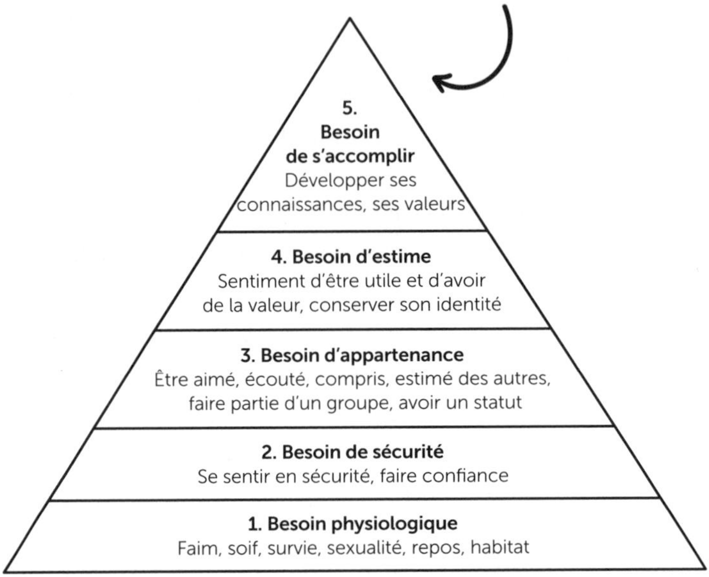

Quel a été l'impact de la crise sanitaire sur tout cela ?

L'apparition du Covid-19 et la crise sanitaire qui en a découlé en mars 2020 nous ont imposé à tous une situation inédite et nous ont contraints à vivre différemment. Au fond, nous avons été nombreux à connaître un « changement de vie » à ce moment-là. Il n'était certes pas choisi, mais nous verrons que tous les changements de vie ne le sont pas. Cette crise nous a obligés à revoir notre relation à l'espace et au temps, nos relations aux autres, notre rapport au travail en en modifiant parfois les modalités. Nous avons eu l'occasion d'expérimenter de nouvelles manières de faire. Nous avons constaté que certaines choses nous étaient difficiles et d'autres au contraire sources d'un plaisir oublié. Nous avons en tout cas tous été forcés de nous adapter et de « vivre différemment » sur certains plans. Pour une part d'entre nous, cette expérience a fait naître un désir ou des besoins nouveaux, comme elle a pu renforcer une envie ou un projet latent. Certains ont pu identifier à cette occasion que certaines choses qu'ils toléraient depuis longtemps ne leur convenaient plus... À l'échelle de la société française, cette crise sanitaire a exacerbé un phénomène qui existait déjà auparavant et que d'autres crises sont venues renforcer. Ainsi, la crise environnementale questionne une partie de la population : l'augmentation des températures, les fortes sécheresses, les périodes de pluies intenses, l'appauvrissement de la biodiversité amènent certains individus à revoir leurs choix de vie. La crise économique a fragilisé les habitudes de consommation pour une partie de nos contemporains. Et la crise géopolitique apporte également son lot d'inquiétudes.

Nous sommes ainsi confrontés à un contexte global où la conjonction de plusieurs crises de natures différentes a contribué à bousculer nos repères. Là où il y avait de la sécurité, il y a de l'incertitude. Là où il y avait de la stabilité, il y a du déséquilibre. Certains parmi nous qui se sentaient jusque-là intouchables ont alors pris conscience d'une certaine vulnérabilité, ce qui incite bon nombre d'entre nous à remettre en question nos habitudes et nos certitudes, à revoir nos priorités et nos valeurs, à chercher plus de sens dans nos existences. Dès lors, les Français sont nombreux à penser, à rêver d'un changement de vie. Ce projet prend des formes différentes selon les individus et cette réflexion n'est pas dénuée de craintes.

Chapitre 2

Entre mirage et réalité

Ce que le changement de vie n'est pas

Si la question du « changement de vie » existait avant 2020, la crise sanitaire l'a renforcée. Et comme le sujet suscite beaucoup d'intérêt et de curiosité, les médias s'en sont bien sûr saisis et nous présentent beaucoup de contenus pour alimenter nos rêves ou notre réflexion. Il ne faut pas prendre pour argent comptant toutes les émissions et reportages qui nous sont proposés sur ce thème, car on nous montre souvent les changements de vie les plus flagrants et les plus radicaux (rarement les plus modestes) et l'on nous les décrit au travers d'un prisme choisi, souvent doré ou partiel. Nous nous faisons alors une image du changement de vie qui relève plus du mirage que de la réalité... Je vous propose de faire ensemble le tour des principales idées reçues que j'ai identifiées au travers de mes interviews pour tordre le cou à certaines de ces croyances !

Le changement de vie n'est pas la solution à tous les mal-être

Certaines personnes pensent à changer de vie quand elles se rendent compte que plus rien ne leur convient dans leur existence. Il devient alors impératif à leurs yeux de fuir cette vie parfois devenue détestable, de faire un virage à 180 degrés pour enfin retrouver un peu de sérénité.

Mirage...

Si vous vous reconnaissez dans la situation que je viens de décrire, il est urgent de ne pas vous presser... Les personnes qui ont tout plaqué du jour au lendemain parce qu'elles ne supportaient plus leur vie sont loin d'être toutes satisfaites quelque temps plus tard. Pour augmenter vos chances de réussir votre éventuel changement de vie, il est nécessaire de prendre le temps de vous poser, de faire le point sur ce que vous recherchez et ce que vous fuyez, sur les valeurs, les intentions et les besoins qui vous animent de manière à définir votre cap. Vous pourrez alors identifier le chemin pour y arriver. Il est important de prendre conscience qu'il n'y a pas de changements de vie sans inconvénients. Simplement, si l'on a pris le temps de mûrir un projet, on a mesuré les avantages et les inconvénients de cette nouvelle voie et l'on est prêt à les assumer. Pour vous guider sur le chemin de cette réflexion, la partie III « Comment mettre en musique son changement de vie ? » vous apportera des clés de compréhension et des outils pour mener cette analyse.

Le changement de vie n'apparaît pas toujours comme une révélation

À entendre certains témoignages, on pourrait penser que, quand on est tenté par une existence différente, on va se réveiller un beau matin avec une illumination qui va nous révéler quelle sera notre vie désormais. Un peu comme un paquet-cadeau que l'on trouverait devant sa porte alors que l'on ne s'y attendait pas et qui suscite inévitablement de la satisfaction et de la joie.

Mirage...

En réalité, le changement de vie se manifeste rarement sous la forme d'une révélation. Ce qui est vrai, c'est que les personnes qui réfléchissent à un éventuel changement de vie sont, à un moment de leur parcours, confrontées à une évidence. Au cours d'une lecture ou d'un échange avec une autre personne, elles ont souvent ressenti la sensation – physique et soudaine – que c'était dans cette direction-là qu'elles devaient aller. Toutes les modalités et les étapes ne sont pas encore là, mais l'évidence se trouve dans le cap qui se dessine. Cette certitude que décrivent ces personnes tient au fait qu'elles ont identifié ce qui les faisait vibrer, ce qui leur permettrait d'être alignées avec leurs valeurs. Cette certitude est un roc sur lequel construire un changement de vie, car même dans les périodes de turbulence, on pourra toujours s'y raccrocher.

Qui dit changement de vie ne dit pas forcément reconversion

Quand les gens évoquent l'idée d'un changement de vie, la vie professionnelle est souvent touchée. Et, avec les témoignages que l'on nous présente dans les médias, on peut vite avoir tendance à penser qu'il nous faut, pour retrouver le bonheur, oser changer radicalement de métier, voire de région.

Mirage...

Nous ne sommes pas tous appelés à nous reconvertir ! Détendons-nous... Changer de métier ne doit pas être une finalité en soi, mais plutôt un chemin, pour certains, pour retrouver une vie plus épanouie. Mais ce n'est qu'une voie parmi d'autres. Comme nous le verrons un peu plus loin, le changement peut prendre la forme d'une révolution pour les uns et d'une évolution pour les autres. Ainsi, certains trouveront effectivement leur voie dans une reconversion, alors que d'autres retrouveront leur joie de vivre par de simples ajustements de choix ou de priorités.

Tous les changements de vie ne sont pas des succès

Si l'on écoute les émissions nous racontant des changements de vie, ou si on lit certains articles sur le sujet, on peut imaginer qu'il suffit de « sauter le pas » et que le succès est ensuite garanti, que le bonheur est à portée de main. Joie et abondance se trouvent juste de l'autre côté de la fameuse décision.

Mirage...

Toutes les personnes qui changent de vie ne réussissent pas, et certaines se trompent carrément de voie. Ce n'est pas grave si l'on considère cet échec comme une étape de leur parcours. Parfois, certains se rendent en effet compte que telle voie n'est pas faite pour eux parce qu'ils avaient sous-estimé certains aspects du métier et l'impact que cela pouvait avoir sur leur vie personnelle. Il se peut que ces personnes soient allées un peu vite dans leur prise de décision ou aient été séduites par certains aspects du métier au point d'en occulter d'autres. Pour certains individus, cette erreur d'orientation n'a pas trop de conséquences négatives. Ils font alors un autre choix après avoir tiré les leçons de l'expérience précédente ou reviennent à leur activité d'avant en se rendant compte que finalement ce métier leur convenait. Je pense à un salarié d'une entreprise agro-alimentaire qui décide de reprendre en alternance une formation dans la restauration, mais qui se rend compte de l'impact des horaires sur sa vie de famille. Il a arrêté sa formation et son alternance et a finalement été réembauché par son employeur précédent. Mais d'autres se sont lancés dans des changements plus engageants en faisant le choix d'une autre activité et d'un autre lieu de vie pour eux et leur famille. La marche arrière est alors moins évidente. D'où l'importance, pour éviter une telle désillusion, de s'accorder le temps de la réflexion et de prendre conscience de la réalité du métier, sur le terrain, auprès de professionnels, avant d'enclencher une reconversion. Ça n'évite pas toutes les erreurs, mais ça en limite les risques.

Même ceux qui ont « réussi » leur changement de vie ont été confrontés à des erreurs. Mais est-ce que ce sont vraiment des erreurs si l'on a su en faire quelque chose dans notre parcours ? Si au lieu de voir une situation comme un échec et une porte qui se ferme, on y voit une étape, une porte qui s'ouvre sur d'autres opportunités ? Tout dépend donc de la manière dont nous percevons un échec et aussi de ce que nous allons en faire. En cela, se tromper est parfois salutaire.

On change de vie avec ce que l'on est

Certaines émissions ont tendance à nous montrer les personnes qui changent de vie sous un angle avant/après, un peu comme les maisons qui ont été rénovées de fond en comble et qui sont méconnaissables : elles étaient vieilles, sombres et encombrées, et on les découvre modernisées, lumineuses et rangées. De même, les personnes qui changent de vie nous sont parfois présentées comme malheureuses et stressées dans leur vie d'avant et on les retrouve épanouies et sereines dans leur nouvelle vie.

Mirage...

Comme nous le verrons plus loin, le changement de vie extérieur s'accompagne souvent d'un changement de vie intérieur qui demande un certain travail avant et après la décision. Ainsi l'évolution intérieure passe par l'alignement avec nos valeurs, nos besoins et nos envies, et elle va conditionner le changement de vie extérieur. Il faudra toutefois régulièrement s'assurer que l'on est bien en accord avec ses valeurs. C'est une illusion de croire que le changement de vie extérieur va nous transformer complètement. On s'engage dans un changement de vie avec ce que l'on est, c'est-à-dire avec ses atouts, mais aussi ses travers... Si l'on était hyper stressé, animé par la performance au point de ne pas voir ses propres limites, il y a fort à parier que, même dans une autre activité professionnelle, on procède de la même manière. Sauf si nous faisons en parallèle un travail sur nous-mêmes pour nous défaire de certains modes de fonctionnement qui ne sont pas alignés avec la manière dont nous voulons vivre désormais.

La routine peut s'inviter même après un changement de vie

On pourrait penser que, une fois qu'elles ont franchi le pas d'un changement de vie – surtout s'il était conséquent –, les personnes concernées sont nourries à vie de nouveautés et de découvertes. Elles ont vécu tant de magie en une fois !

Mirage...

Cette impression vient sans doute du fait que nous voyons ces changements de vie « de l'extérieur ». Ils nous semblent tous les jours « nouveaux », à nous, en comparaison de notre quotidien inchangé !

En réalité, même quand on change de vie, on peut être touché à un moment ou à un autre par l'ennui ou par le fait qu'une certaine routine s'installe. Il ne faut pas considérer que, quand on change de vie, c'est du « one shot », que l'on implante un changement une fois pour toutes et que l'on sera préservé de la routine.

Le secret va alors consister à cultiver cette capacité à s'adapter continuellement, à se renouveler même quand l'ennui pointera son nez après quelque temps. Il est sain de rester dans un questionnement permanent qui consiste à se demander régulièrement ce que nous voulons faire ou ne pas faire pour pouvoir nous réinventer quand la routine s'installe. Le changement, c'est ce qui nous permet de découvrir de nouvelles choses et de se découvrir soi-même.

Et finalement, cela ne nous concerne-t-il pas tous ? Cette capacité à se remettre en question et à se renouveler définit une philosophie de vie que nous pouvons tous adopter au quotidien. Pour certaines des personnes que j'ai rencontrées, cette démarche correspond à une hygiène de vie naturelle. Cet alignement permanent avec elles-mêmes leur permet d'avancer dans la vie, en suivant leur cap, parfois en le réajustant, et ce, même dans les périodes les plus tourmentées.

Le changement de vie, ce n'est pas facile

Quand on voit certains reportages sur des changements de vie, on peut être fasciné par la facilité avec laquelle des personnes qui nous ressemblent parfois ont quitté le confort de leur vie d'avant pour s'engager dans une nouvelle existence. Leur vie semble tellement belle et facile.

Mirage...

Un changement de vie n'est pas facile. Cela demande des efforts et de la persévérance. Dans la plupart des cas, il ne faut pas s'attendre à avoir des résultats tout de suite ni à ce que tout se passe comme on l'avait imaginé. Il faut donc être préparé à rencontrer des difficultés.

Beaucoup des personnes que j'ai rencontrées décrivent aussi des variations dans le niveau d'énergie qui les anime, surtout dans les premiers temps. On peut être en proie au doute, à des questionnements qui viennent parfois éprouver nos certitudes et le modèle que l'on avait imaginé. Beaucoup témoignent aussi d'une véritable valse des émotions, souvent intenses, parfois contradictoires, particulièrement au moment de la prise de décision et dans les premiers temps du projet. Mieux vaut savoir tout cela avant de se lancer plutôt que de s'imaginer que tout sera rose. Cela permet de relativiser et d'anticiper le fait que l'on aura besoin de temps pour se ressourcer, de personnes auprès de qui se confier...

Enfin, quelques personnes interviewées en ont fait le constat : le bonheur est dans le chemin. Un changement de vie est en effet un bout de chemin, avec son lot de difficultés, mais de surprises aussi. Le projet que l'on veut mettre en œuvre n'est pas une finalité, mais un cheminement. Ne se fait-on pas un véritable cadeau en se disant cela ? On parvient alors à savourer les petits bonheurs qui se présentent et à mieux faire face aux difficultés que l'on rencontre. On est plus disponible aussi aux portes qui s'ouvrent, aux mains qui se tendent, et l'on fait alors de jolies rencontres...

Trouver sa vocation : un mythe ?

Le développement personnel a le vent en poupe, et avec lui l'idée que nous devons trouver notre vocation, que nous sommes tous venus sur Terre avec un talent qu'il nous faut absolument exploiter pour avoir une vie réussie... Si nous ne sommes pas épanouis dans notre vie d'aujourd'hui, ce serait forcément parce que nous n'avons pas encore trouvé notre voie. La trouver, cette fameuse voie, devient donc la priorité, l'urgence du moment, au point de tourner à l'obsession ! Certains se mettent en quête de ce Graal, cette sacro-sainte vocation, pour ne pas continuer à perdre du temps de vie à s'égarer dans une existence qui n'est pas la leur.

Détendons-nous, relâchons la pression. Nous pouvons tous avancer dans notre vie, en partant de là où nous en sommes aujourd'hui. Commençons par déconstruire certaines idées reçues...

On peut avoir plusieurs vies professionnelles

Ce n'est pas parce que l'on se questionne sur un éventuel changement de vie que l'on était nécessairement auparavant dans l'erreur. Ce n'est pas parce que l'on pense à se reconvertir que l'on s'était forcément trompé avant.

Évidemment, certains ont pu faire, parfois sans le savoir, des choix qui ne leur convenaient pas ou fortement conditionnés par leur entourage, mais, même dans ce type de situations, il n'y a pas lieu de se noyer dans les regrets. L'idée est plutôt de se dire que ce chemin parcouru nous a constitués et que nous pouvons poursuivre notre route différemment, avec ce que l'on est.

On peut très bien avoir plusieurs vies professionnelles successives et observer que chacune d'elles, au moment où on la vit, nous correspond. On ne se trahit pas en enchaînant des vies professionnelles différentes. Le plus souvent, au contraire, les personnes qui se retrouvent dans ce cas de figure sont à chaque fois alignées avec leurs envies et leurs besoins du moment. Un fil rouge se dessine d'ailleurs souvent dans ces parcours. Et puis il faut se souvenir que ce que l'on a vécu précédemment nous permet d'être là où nous sommes aujourd'hui. Même quand une personne semble faire le grand écart entre deux étapes de son parcours, il y a souvent en filigrane des compétences transposables.

On peut être fait pour différentes voies

Nous avons bien sûr tous des talents, parfois une ou plusieurs passions. Certaines personnes se définissent par une passion dominante dont elles parviennent même parfois à vivre. On pense à la femme passionnée de théâtre depuis toute petite et qui a réussi à se faire une place dans le monde du spectacle en devenant comédienne professionnelle. Ce cas de figure peut faire rêver, mais nous ne pouvons pas tous vivre de notre passion. Sans compter que, pour certaines personnes, il est difficile d'en identifier une dans leur existence. Inutile dans ce cas de se mettre martel en tête à vouloir trouver son talent unique ou même une voie unique. Certains sont intéressés de manière égale par plusieurs domaines d'activité et font le constat qu'ils auraient très bien pu être enseignant ou informaticien ou encore travailler dans la restauration.

Et c'est finalement une rencontre qui a fait la différence et orienté le choix d'une voie plutôt qu'une autre.

On peut combiner plusieurs voies simultanément

Si l'on peut enchaîner des activités professionnelles (très) différentes, on peut aussi mener en parallèle des activités qui n'ont (apparemment) rien à voir les unes avec les autres.

Ce peut être le cas de personnes qui ont un talent non rémunérateur. Certaines d'entre elles font alors le choix de conserver un métier qui leur apporte des revenus financiers pour vivre, tout en se ménageant dans leur emploi du temps des plages horaires pour exercer un talent qui leur procure peu ou pas de revenus. Combiner une activité de salarié (plutôt alimentaire) et une activité plus en lien avec sa passion (moins rentable) est une bonne opportunité pour nourrir cette passion et ne pas y renoncer complètement. Ce peut être durable ou temporaire. En effet, ce scénario peut être adopté par les personnes qui ont un métier, mais qui aimeraient se lancer dans une autre activité professionnelle. Elles font de la place dans leur existence pour expérimenter quelque chose de différent, tout en limitant les risques. Cette situation peut durer ou être transitoire le temps de se lancer, de voir ce que cela donne, sans forcément bouleverser toute son existence. La motivation doit évidemment être suffisante, car cela demande souvent d'accepter quelques aménagements dans son organisation personnelle, mais le jeu en vaut la chandelle s'il s'agit de s'accorder du temps pour une activité qui nous tient à cœur et qui pourrait, dans certains cas, devenir une activité professionnelle principale.

★★★

Nous voici maintenant conscients de toutes ces apparences, séduisantes ou trompeuses, qui entourent le changement de vie dans les médias et nos croyances. Certaines constituent des points d'alerte : attention, le chemin n'est pas toujours facile ni couronné de succès ! D'autres sont extrêmement libératrices et ouvrent des portes : le changement de vie ne passe pas forcément par une révélation, il ne prend pas toujours la forme d'une reconversion et nous ne sommes pas tous nés avec une vocation, unique, à découvrir absolument pour réussir notre vie ! Bonnes nouvelles donc, qui nous invitent à vraiment nous placer au cœur de notre réflexion, en prenant en compte le chemin que nous avons parcouru jusqu'à aujourd'hui, nos valeurs et priorités du moment pour définir là où nous voulons aller pour nous épanouir et nous sentir alignés avec ce que nous ressentons au plus profond de nous-mêmes.

Partie II

De l'envie de changer de vie au grand saut

Dans l'absolu, nous sommes tous des candidats potentiels au changement de vie, quel que soit notre âge, notre niveau d'études ou notre tempérament. Encore faut-il en avoir envie, et puis oser franchir le pas. Pour ce qui est de l'envie, elle naît toujours de déclencheurs qui, comme nous le verrons, sont multiples, peuvent se combiner entre eux et sont plus ou moins agréables à traverser… Toutefois, même quand nous vivons un épisode qui nous secoue, une fois la blessure soignée, une place est souvent créée pour l'envie de construire autre chose.

Et si nous sommes tous des candidats potentiels au changement de vie, il reste à chacun la liberté et la responsabilité de dessiner les contours de la ou des transformations qu'il veut mettre en œuvre dans son existence : des petites évolutions à la grande révolution, il y en a pour toutes les envies !

Chapitre 1

Qui sont les adeptes du changement de vie ?

On pourrait penser que les personnes qui entreprennent de grands changements dans leur vie, notamment dans leur activité professionnelle, sont des femmes et des hommes âgés de 40 à 50 ans, des individus en milieu de vie, qui précisément remettent en cause certains aspects de leur existence. S'il reste vrai que ces questions se posent fréquemment au moment de la transition de vie, elles ne sont plus propres aux quadragénaires et l'on observe de plus en plus d'adeptes au « changement de vie » dans d'autres tranches d'âge, notamment chez des jeunes de moins de 30 ans qui ont à peine goûté à la vie professionnelle à laquelle leurs études les destinaient et qui s'en détournent très vite. Ce sont parfois des diplômés bac+5 qui, déçus par la vie en entreprise, se lancent dans une activité manuelle ou créent leur entreprise.

C'est le cas de Valentine :

« Je suis diplômée en Marketing & Communication et j'ai commencé ma carrière à Paris dans ce domaine. Mes missions ne me déplaisaient pas et les entreprises pour lesquelles je travaillais étaient plutôt sympas, mais l'appel de la nature que j'ai ressenti et que mon copain partageait a été plus fort ! On a tout lâché à Paris pour s'installer dans les montagnes et reprendre une petite structure agricole. On n'a clairement pas le même salaire, ni les mêmes vacances, mais on se sent plus heureux, donc on accepte les contraintes liées à ce choix. »

Cette tendance se retrouve dans les chiffres puisque l'on observe qu'un quart des créations d'entreprises est le fait de diplômés de l'enseignement supérieur, et que près d'un sur dix dispose d'un diplôme de niveau bac+5[3].

J'ai également rencontré des hommes et des femmes de 55 ans ou plus qui ont fait le choix d'une activité professionnelle différente pour les cinq à dix dernières années de leur carrière. Il s'agit pour eux de vivre de manière choisie le dernier chapitre de leur vie professionnelle, comme nous l'expliquent Christine et Stéphanie :

« J'ai été secrétaire pendant trente-quatre ans. Puis il y a eu un revirement de situation quand j'ai décidé de me lancer dans cette formation sur la thérapie brève avec les chevaux. Je ne suis pas une guerrière de nature, mais là j'ai osé franchir le pas. J'approche de la fin de carrière, je m'offre une fin de vie professionnelle qui me plaît bien. Je suis moins confrontée à de la pression au quotidien et je me sens plus épanouie. »

3. Podcast France Inter, « Grand bien vous fasse ! », épisode *Comment oser le changement de vie ?*, 15 septembre 2020.

« Je travaillais dans le domaine social et j'ai connu un burn-out. C'est pendant la période où j'essayais de me relever de cet épisode difficile que j'ai décidé de me lancer dans une formation pour reprendre une société dans la tapisserie d'intérieur. Je suis contente aujourd'hui de me faire plaisir et de penser à moi. À 50 ans, je choisis enfin une formation et un métier qui me plaisent ! »

C'est plutôt une bonne nouvelle : nous sommes tous des candidats potentiels au changement de vie. Plus question de se dire qu'il est trop tôt ou trop tard... Notre âge n'est pas une excuse valable. Nous pouvons tous mener une réflexion sur une autre existence.

Il est important de distinguer les changements choisis de ceux qui sont subis. En effet, on trouve des personnes qui, de manière libre, font le choix, après un temps de réflexion plus ou moins long, de mettre en œuvre des transformations dans leur existence, quand d'autres sont confrontées à des événements non choisis qui les contraignent à opérer des bouleversements dans leur vie. Dans les deux cas de figure, joie et douleur sont possibles. Ainsi, ce n'est pas parce que les personnes choisissent leur changement de vie que la réalité n'est ensuite que bonheur et douceur. La période précédant et/ou suivant la décision peut s'avérer très chahutée. Et dans le cas d'événements subis, on rencontre bien entendu des individus en souffrance, mais également des personnes qui ont su faire d'une contrainte une opportunité ou une occasion de grandir, comme le raconte Vanessa :

« Je suis enseignante. J'ai commencé ma carrière dans des collèges. J'ai assuré beaucoup de remplacements dans différentes régions : j'ai donc souvent dû déménager et j'étais avertie au dernier moment. Je me retrouvais dans des établissements difficiles, loin de mes proches, dans des villes que je ne connaissais pas. Dans chacune de ces situations nouvelles, j'ai appris à me réinventer un quotidien pour faire face, donner du sens et grandir. »

Alors, bien sûr, se pose la question du tempérament. Si certains d'entre nous abordent les changements de manière simple et naturelle, pour d'autres chaque décision est une véritable prise de tête ! Parmi les personnes que j'ai interrogées, il y en avait bien évidemment beaucoup de nature optimiste et avec un goût naturel du risque et du changement. Souvent, c'est l'héritage d'une éducation et d'une culture familiale où il y avait de la place pour l'essai et l'erreur. Ce sont des personnes à qui l'on a donné tôt l'opportunité de tomber et de se relever avec confiance. Elles sont ouvertes au changement et donnent l'impression que la chance leur sourit, alors qu'elles savent tout simplement saisir les opportunités que la vie leur présente. Tout le portrait de Caroline, Laurent et Sophie !

« Je suis naturellement ouverte et curieuse des choses. C'est une énergie de vie que j'ai et il faut que je sois rassasiée. On a tous des opportunités qui se présentent, mais si on n'est pas ouvert aux synchronicités, on laisse passer notre chance. En général, je suis mon intuition et, si j'ai envie de faire quelque chose, j'y vais. C'est sans doute parce que j'ai été élevée comme ça : vas-y, tu vas apprendre, et si tu te plantes, ce n'est pas grave. »

« J'ai un vrai goût pour les opérations commando, les défis et les challenges : toutes ces situations où c'est difficile, où tu ne sais pas comment tu vas t'en sortir, mais tu le fais. »

« Je pense que j'ai toujours essayé d'être ouverte à l'Univers. Dans cette posture, on voit et on saisit les mains qui se tendent. Je me dis souvent que la vie est bien faite et que, quand un événement nous arrive, ce n'est pas par hasard. Je prends alors le temps de me demander ce que j'en fais. »

Mais se lancer dans un changement de vie n'est pas l'apanage des fonceurs ! J'ai aussi rencontré des personnes plus frileuses à l'idée de changement. Et pourtant, certaines ont osé se lancer dans de grands défis et se sont étonnées elles-mêmes. Plus introvertis et dans la retenue, avec un réservoir de confiance en soi peut-être moindre au départ, ces individus ont parfois besoin d'apprivoiser le changement, de l'aborder prudemment, de tourner autour avant d'y aller, mais ils ont su se faire confiance et sentir résonner en eux l'appel d'un projet qu'ils devaient honorer. Christine a vécu cet appel qui était plus fort qu'elle :

« Je suis de nature plutôt réservée et même un peu sauvage. Je ne suis pas impulsive et je n'aime pas quand les choses ne se déroulent pas comme prévu. Mais quand j'ai vu ce programme de formation sur la thérapie brève avec les chevaux, je me suis dit qu'il était fait pour moi. Ça vibrait en moi. C'était comme une évidence. Il ne fallait pas cogiter, je me suis lancée, et heureusement, sinon la procrastination aurait pris le dessus. »

Quand c'est un couple qui est animé par un projet de changement de vie, une certaine complémentarité dans les tempéraments peut être précieuse : l'un plus fonceur, l'autre qui tempère. C'est le cas de Charles et Christine :

« Moi, je suis très moteur, j'aime le changement et je suis plutôt stimulé par les difficultés. Je sais prendre du recul et relativiser quand quelque chose de difficile se présente. Par contre, je ne suis pas fort pour la gestion du quotidien que porte plutôt Christine. »

« Pour ma part, j'ai besoin de temps pour prendre une décision, j'aime la routine, j'aime quand les choses s'installent. Je sais gérer la logistique du quotidien. Mais je suis aussi inspirée par Charles qui est complètement différent. »

Chapitre 2

Quels sont les déclencheurs du changement de vie ?

Lors de mes rencontres avec des hommes, des femmes ou des couples qui avaient « changé de vie », j'ai toujours été curieuse de savoir ce qui les avait conduits là où ils étaient aujourd'hui, ce qui était à l'origine de cette nouvelle impulsion qu'ils avaient choisi de donner à leur existence et je les ai tous questionnés sur les déclencheurs de leur changement de vie. C'est de cela qu'il sera question dans ce chapitre.

À l'origine des changements de vie, il y a souvent un malaise ressenti par rapport à ce que l'on vit ou un décalage entre ce que l'on vit et ce que l'on aimerait peut-être vivre. Il peut s'agir de quelque chose de diffus et de progressif ou, au contraire, d'un déclencheur soudain et violent, non choisi.

Peut-être avez-vous vous-même connu un changement de vie et vous reconnaîtrez-vous dans les déclencheurs que je vais évoquer ci-dessous. Peut-être êtes-vous en plein questionnement et il est possible que l'une ou plusieurs des situations présentées fasse écho à votre histoire. Il est intéressant de cerner d'où vient votre souhait de changer de vie, d'identifier ce qui ne vous convient plus dans votre vie actuelle.

J'ai classé les déclencheurs de cette envie de changer de vie en 9 familles, que je vous présente ci-dessous.

❶ Un travail qui ne nous convient plus

Manque d'intérêt pour le job en cours

Après plusieurs années – voire une bonne partie de leur carrière – dans une même entreprise et peut-être dans le même job, certaines personnes ressentent un désenchantement pour les missions qu'elles remplissaient jusqu'alors sans se poser trop de questions. Un manque d'intérêt, une certaine lassitude, de la désillusion peuvent créer le berceau d'un mal-être au travail.

Problèmes relationnels au travail

Des tensions entre collègues ou des problèmes relationnels avec un supérieur hiérarchique peuvent aussi faire naître une envie de changement. Certains salariés tolèrent pendant des mois, des années parfois, un chef qui ne sait pas donner de direction à son équipe comme peut le faire un capitaine sur un bateau. Ce peut être aussi un manager qui pratique le micro-management : en permanence dans une posture de contrôle vis-à-vis de ses collaborateurs, il ne leur laisse aucune liberté ni aucune marge de manœuvre dans leurs actions. Pas de place pour la prise d'initiative, encore moins pour le droit à l'erreur avec ce type de management. Plus grave, certains supérieurs manifestent de la violence vis-à-vis d'un ou plusieurs de leurs collaborateurs, qu'elle soit verbale, morale ou psychologique. Quand ces actes de violence se multiplient ou se répètent, on parle de harcèlement. On rencontre également des responsables qui génèrent un stress démesuré pour leurs équipes. Incapables de filtrer la pression à laquelle ils sont confrontés, ils la répercutent sans ménagement sur leurs collaborateurs. Ces différentes attitudes managériales peuvent créer à des degrés divers des situations de mal-être, voire de souffrance au travail.

Pression excessive, burn-out

Parfois des salariés se retrouvent face à des objectifs inatteignables, à une surcharge de travail excessive ou à d'autres facteurs qui génèrent un stress intense, et parfois continu, sur une période plus ou moins longue, ce qui peut conduire à un épuisement professionnel. Souvent la personne ne s'écoute pas et ne se rend pas compte de ce qui la détruit jour après jour. Il faut qu'elle en arrive à un point où elle se retrouve complètement vidée de son énergie pour entamer un travail de transformation. Le chemin pour se relever est souvent long et difficile, mais peut mener à une véritable renaissance, surtout si la personne est accompagnée avec bienveillance par son entourage et/ou par des professionnels. Stéphanie a connu cette situation :

« Je n'étais pas bien dans mon job, mais j'étais aveuglée par les avantages qu'il m'apportait : proximité de mon domicile, nombre de jours de congé... Un matin, je n'ai pas pu me lever pour aller travailler. C'est là qu'a commencé pour moi une phase de reconstruction. Heureusement que j'avais autour de moi des personnes qui m'ont soutenue. J'avais vraiment peur de sombrer, mais j'étais aussi animée par la force du désespoir et par un besoin vital de me mettre en mouvement. C'est alors que j'ai réalisé un bilan de compétences qui m'a permis de définir une nouvelle orientation professionnelle supposant de reprendre une formation. »

❷ Valeurs, sens et impact

Alignement par rapport à des valeurs

J'ai rencontré de nombreuses personnes qui se sont senties en décalage par rapport aux valeurs qui étaient les leurs ou celles qu'elles souhaitaient mettre au premier plan dans leur vie. La famille et la nature arrivent en tête de liste parmi les valeurs auxquelles les gens souhaitent accorder davantage de place dans leur quotidien. La réflexion prend plus ou moins de temps selon les individus, mais chez la plupart des personnes que j'ai rencontrées, la décision de changer de cap s'est imposée comme une manière de s'aligner par rapport à ces valeurs qui leur sont apparues comme prioritaires. C'est le cas de Charles et Christine :

« Nous avons quitté Grenoble et nos jobs respectifs dans la région pour reprendre un gîte exceptionnel dans les Hautes-Alpes. Ce choix, mûrement réfléchi, était notre réponse pour avoir une meilleure qualité de vie et nous accorder avec nos valeurs. On voulait s'éloigner de la pollution, se rapprocher de la nature et avoir plus de temps à consacrer à nos enfants. On voulait vivre un autre rapport au temps et aussi s'impliquer socialement dans notre environnement. »

D'autres, comme Gilles et sa femme, ont donné la priorité à leur famille sans avoir de projet professionnel prévu :

« Mon épouse et moi avons quitté la région parisienne pour nous installer à Lyon avec nos deux enfants. Pour nous, il s'agissait notamment de quitter la capitale et ses embouteillages, Paris et son prix au mètre carré tellement exorbitant que l'on en venait à questionner notre projet de famille nombreuse. Mais la réponse a été assez vite évidente pour nous : priorité à un troisième enfant ! Nous avons tous les deux quitté nos situations professionnelles confortables à Paris sans savoir ce que nous allions trouver à Lyon... »

À la recherche du sens perdu

Et parfois, comme évoqué au début de ce chapitre, le premier signe que quelque chose ne nous convient plus est une certaine lassitude. Ce que nous faisons ne nous intéresse plus. On ressent de l'ennui ou de l'insatisfaction, voire de la souffrance à l'idée d'entamer une journée supposant de réaliser des actions qui n'ont plus de sens pour nous. Il devient alors difficile de se lever le matin car le réservoir d'énergie et de motivation est au plus bas !

Or, comme nous l'expliquent Pierre Portevin et Daniel Kerrigan[4], si nous perdons la connexion à nos valeurs, ou si nous ne trouvons plus de sens dans nos actions, alors nous perdons notre motivation, et avec elle, l'audace d'entreprendre des choses ! Alors qu'au contraire, si le lien avec nos valeurs et leur sens est évident, notre motivation s'en trouve renforcée et nous nous sentons alors capables d'oser des actions plus grandes, plus difficiles, plus ambitieuses peut-être. Une fois que l'on a compris les mécanismes de la motivation, comment ne pas avoir envie de remettre du sens dans notre existence ?

Laisser une trace

Certains ressentent à un moment donné le besoin de laisser une trace de leur passage sur Terre, d'avoir un impact réel, visible dans notre société ou sur l'environnement. Outre le fait d'apaiser notre angoisse face à la mort et au néant, la volonté de « laisser une trace » rejoint aussi celle du sens : « Si je meurs demain, ma vie aura au moins servi à cela. » Et les réponses sont multiples : certains choisiront une activité artistique qui assurera leur continuité après leur mort, d'autres une occupation qui contribuera à améliorer la qualité de vie de leurs semblables (métiers de la santé, bénévolat, accompagnements divers...).

---

4. Pierre Portevin et Daniel Kerrigan, *Osez... Ça change tout ! Ce que la science nous apprend pour une vie pleine de sens*, Le Souffle d'Or, 2017.

❸ Question de tempo

C'est parfois du besoin de s'adapter à une situation familiale que vient l'envie d'un autre rythme de travail. Des événements familiaux, comme la maternité, peuvent faire émerger l'envie, voire le besoin, de travailler et de vivre autrement. Caroline et Fanny partagent la même expérience :

« Avec l'arrivée de notre troisième enfant, porteur d'un handicap, j'ai ressenti l'envie de plus d'autonomie et de liberté. J'étais alors salariée et il était inconcevable pour moi de me justifier auprès de mon employeur dès que j'avais besoin de me libérer pour accompagner ma fille à un rendez-vous médical. C'est alors que j'ai changé d'activité professionnelle et de statut. Je suis devenue indépendante. »

« Pour moi, c'est la maternité qui a tout changé. Dès le moment où je me suis retrouvée enceinte, j'ai souhaité être une mère épanouie et j'ai organisé ma vie autour de mes enfants, renonçant à un poste en entreprise pour me former au coaching et m'installer en tant qu'indépendante. Très investie dans mon job, je me réserve également la possibilité de moduler mon niveau d'activité, de choisir certains projets et d'en refuser d'autres, de participer à certains événements et pas à d'autres. »

Mais dans certains cas, l'origine du besoin d'un autre tempo se trouve au cœur de l'individu lui-même. Si le changement de vie ne rime pas toujours avec un ralentissement de la cadence imposée par la vie professionnelle, force est de constater que les personnes recherchent de plus en plus, au travers d'un changement de rythme, un meilleur équilibre entre vie professionnelle et vie personnelle et un alignement avec leur rythme interne, comme me l'a confié Nathalie :

« À un moment, j'ai ressenti un trop grand écart par rapport à la vie professionnelle que je menais au sein d'un grand groupe… C'était une existence au rythme effréné. Ça ne m'allait plus. Je ressentais un besoin cruel de temps et une envie profonde de vivre à un autre rythme. Cela a joué un rôle important dans mon chemin vers une autre vie… »

❹ Liberté, indépendance, autonomie

Le monde professionnel traditionnel comporte son lot de règles et de contraintes qui ne conviennent pas à tous. Il peut nous satisfaire à un moment, ou l'on peut parfois s'en accommoder un temps, puis ressentir réellement le besoin de s'en affranchir. Certains individus provoquent alors une rupture par rapport à un système qui ne leur convient plus : les horaires identiques à respecter scrupuleusement tous les jours de la semaine, la culture du présentéisme, les décisions de l'entreprise dictées par la rentabilité, le manque de place pour le développement des compétences, l'environnement dépersonnalisé des open spaces, le manque de liberté dans ses choix d'évolution… Dans plusieurs cas, la crise sanitaire de 2020 et ses confinements répétés ont permis de mettre une distance entre le salarié et des contraintes qu'il vivait déjà plus ou moins consciemment comme pesantes. Cette confrontation forcée avec une autre manière de travailler a été salutaire pour certains, leur permettant de réaliser que de nouvelles façons de travailler pouvaient mieux leur convenir, jouant ainsi le rôle de révélateur ou d'accélérateur. C'est ainsi que des individus ont fait le choix d'une autre activité professionnelle ou d'une autre manière d'exercer un même métier. Tout en étant réellement investis dans leur travail, ils savourent une plus grande liberté dans la gestion de leur temps et dans le choix de leurs projets.

Liberté dans l'organisation de son travail ne rime pas toujours avec « travailler moins », bien au contraire. Parmi les personnes que j'ai rencontrées, beaucoup travaillent au moins autant que dans leur précédent environnement, mais elles jouissent d'une indépendance qui nourrit l'engagement dont elles font preuve dans leurs missions. Laurent nous raconte comment il a vécu cette nouvelle liberté :

« J'ai changé de vie quand j'ai quitté le système du salariat, très normé, avec un échange d'heures de travail contre de l'argent, et marqué par les relations avec la hiérarchie qui sont parfois compliquées. Et puis tu ne choisis pas tes sujets. Tu es dans des questions de rentabilité. Quand tu es dans un processus où il faut être rentable, tu es orienté vers ce dans quoi tu es productif. J'ai vu des projets qui passaient de main en main en fonction des compétences pour répondre à cette logique de rentabilité. Mais je me suis rendu compte que j'aimais la transversalité. Dans la plupart des entreprises, compétences et rentabilité sont liées. On ne peut pas papillonner, découvrir, développer de nouvelles aptitudes…

En vingt ans, je crois que je ne m'étais jamais habitué à ce système : ça commence le matin où il faut être à une certaine heure au travail, puis des tas de réunions qui ne sont pas toujours très utiles… Aujourd'hui, quand je bosse, ça sert toujours à quelque chose. Avant, je devais rendre des comptes sur tout ce que je faisais, sur tous mes horaires. Aujourd'hui, je ne dois en rendre qu'à mes mandataires qui comptent sur moi parce qu'ils m'ont confié un projet, qu'ils ont confiance en moi et attendent des résultats.

Dans mon cas, le confinement lié au Covid a joué un rôle aussi… ça a été un élément déclencheur. J'étais dans une bulle. Je travaillais sans être au travail, sans patron qui passe de plateau en plateau pendant la moitié de son temps et est en réunion l'autre moitié. Je n'avais plus envie de vivre dans cet environnement, de travailler comme ça… »

❺ Créer de l'espace pour sa passion

Parmi les rencontres que j'ai pu faire, il y a ceux et celles qui souhaitent faire de leur passion leur métier. Certes, il n'est pas toujours facile ni possible d'en vivre. Ce n'est pas forcément un souhait universel non plus. En effet, je peux être passionnée de danse sans pour autant vouloir être danseuse professionnelle ou enseigner la danse. Mais certains allient passion et métier, à la façon par exemple du musicien professionnel qui concilie son amour du piano avec son emploi. Il gagnera sa vie en se produisant en concert et en donnant peut-être des cours de piano. C'est cette même « volonté de vivre de sa passion » qui anime certains des candidats à la reconversion comme Sandrine :

« J'étais responsable d'une équipe d'acheteurs dans un groupe industriel quand la gourmandise de mon mari a amené la passion du chocolat dans nos vies. Dans le cadre de son activité professionnelle, il s'est vu offrir un stage en pâtisserie. Il a découvert les chocolats. On en a fait à la maison. Les retours des copains étaient plutôt positifs. Et on s'est dit : « Chiche, si on créait notre chocolaterie ? » Et puis tout s'est enchaîné très vite : la formation, la création de mon atelier et de mon entreprise... Je suis passionnée par le mariage des saveurs, et c'est une grande joie d'en avoir fait mon métier même si je travaille beaucoup plus qu'avant ! »

❻ Renouer avec une vocation bridée

J'ai été très touchée également par le témoignage de personnes qui décident à un moment donné de renouer avec une vocation qui a été contrariée ou bridée. Lorsque l'on a 18 ans, on ne fait pas toujours les études correspondant à ce que l'on désire réellement faire. Parfois, les décisions se prennent sans conviction, par élimination ou par défaut, parce que l'on n'a pas été retenu pour son premier choix. D'autres optent pour des études courtes qui leur permettront de se lancer dans la vie professionnelle dans un avenir proche parce qu'ils souhaitent voler rapidement de leurs propres ailes ou qu'ils ne peuvent se permettre financièrement des études longues. D'autres encore sont influencés par leurs parents ou leurs grands-parents qui conditionnent leur orientation, les dissuadent d'un choix de cœur pour un choix de raison.

Et il arrive qu'au cours d'une carrière déjà bien entamée, certains décèlent à un moment de leurs parcours une occasion rêvée de réaliser ce qu'ils ont toujours voulu faire ou ce pour quoi ils avaient l'impression d'être faits. C'est ce qui est arrivé à Lina et Orianne :

« Je travaillais dans un cabinet de notaires. J'étais secrétaire d'avoué. J'aimais mon travail et je m'y plaisais. Quand la profession a été supprimée, j'ai été licenciée. L'idée d'une activité en lien avec les enfants a rapidement ressurgi. J'ai pensé au métier d'assistante maternelle. En fait, j'avais toujours eu cette idée... J'ai toujours aimé les enfants. Je me suis occupée de ma nièce toute petite, alors que je n'avais que 10 ans. J'aimais cela et les personnes autour de moi étaient épatées de ce que je faisais. Quand j'ai choisi mon orientation professionnelle, je n'ai pas fait de grandes études que mes parents ne pouvaient me payer, et puis je me suis lancée dans le secrétariat. Quand j'ai été licenciée, un métier en contact avec les enfants s'est imposé comme une évidence... »

« Quand j'étais jeune, je rêvais de faire les Beaux-Arts ou d'être pilote de ligne ! J'ai pourtant passé la moitié de ma carrière dans des groupes industriels après avoir fait des études d'ingénieur, car j'étais une bonne élève et mes employeurs me reconnaissaient du potentiel. Quand j'ai su dire non à cette carrière dictée par mes grands-parents, j'ai pu laisser libre cours à mes envies et me lancer dans une formation de maître potier. »

❼ Perte d'emploi

On ne choisit pas toujours de changer de vie. Les circonstances nous mettent parfois au pied du mur, souvent violemment comme dans le cadre d'un licenciement. Il peut alors être difficile d'accepter la nouvelle, surtout si l'on ne s'y attendait pas. La perte de son emploi peut être extrêmement déstabilisante, provoquer une profonde remise en question de ses certitudes et ébranler la confiance en soi. Néanmoins, il arrive que cette situation difficile devienne source d'opportunités. Parmi les personnes que j'ai rencontrées, certaines en arrivent à remercier la vie d'avoir placé cette « crise » sur leur chemin, car quelque chose de positif en a surgi et leur a permis de s'autoriser des choses qu'elles ne se seraient pas accordées tant qu'elles étaient dans le confort de leur vie apparemment sécurisée, et ce, même si elles ne s'y sentaient d'ailleurs pas tout à fait bien.

Retrouvons Lina, Christine et Orianne, qui nous expliquent comment leur licenciement a changé leur vie positivement :

« Quand j'étais secrétaire d'avoué, j'aimais vraiment mes collègues et les tâches qui m'étaient confiées dans le cabinet de notaires dans lequel je travaillais. Mon licenciement n'a pas été un moment agréable, mais il m'a permis de me remettre en question et de faire ressurgir l'idée d'un métier en lien avec les enfants. Ce fut pour moi comme un rêve enfoui qui réapparaissait et prenait forme. Avant je gérais des dossiers, maintenant je m'occupe d'enfants. Je me nourris de la joie qu'ils m'apportent. »

« Quand j'ai compris que le garage qui m'employait comme secrétaire allait un jour ou l'autre fermer, j'ai pris les devants. Je subissais déjà depuis quelque temps une pression excessive, et j'avais envie de changer sans trop savoir que faire. Quand j'ai eu connaissance de l'existence d'une formation en thérapie brève avec les chevaux, ce fut le déclic. Je ne suis pourtant pas de nature impulsive ! Je ne me suis pas reconnue dans la rapidité avec laquelle j'ai entrepris les démarches pour me lancer dans cette voie nouvelle. Ce fut comme une évidence. Il est clair que, si je n'avais eu la certitude que, tôt ou tard, j'allais perdre mon emploi, je n'aurais pas osé me lancer... »

« Quand j'ai accepté d'être licenciée (en refusant le poste que l'on me proposait, mais dont je ne voulais pas), j'ai mis un terme à de nombreuses années à exercer des rôles qui ne me convenaient pas vraiment dans des groupes industriels. Je me souviens avoir eu l'impression de me jeter dans le vide, car je ne savais pas encore ce que j'allais faire ensuite, mais ça a aussi été la meilleure décision de ma vie ! »

Ainsi, Lina, Christine et Orianne nous montrent que la perte de notre emploi peut donner un second souffle à notre carrière. Certes, la situation n'est pas toujours confortable et notre employeur nous met devant le fait accompli, mais il est possible de reprendre sa vie en main, de choisir la direction que l'on veut lui donner en s'accordant parfois plus de plaisir. Le fait de se trouver dans une situation où l'on n'a plus rien à perdre aide parfois à oser entreprendre quelque chose que l'on n'aurait pas tenté sinon.

❽ Maladie, perte d'un proche

Comme le licenciement, la maladie ou la perte d'un proche ne sont pas des événements choisis. Ils surviennent en général brutalement dans notre vie et bouleversent nos certitudes. Quand des personnes ont été confrontées à ce que l'on appelle des « accidents de la vie » (maladie, accident grave, décès d'un proche...), le choc est souvent violent et il fait voler en éclats nos repères, nos habitudes et nos valeurs. Après avoir vécu la maladie et/ou le décès d'un proche, ou avoir frôlé la mort, ces personnes prennent conscience du caractère précieux de l'existence et de l'urgence de vivre. C'est parfois dans ces circonstances douloureuses que naît l'envie de vivre sans tarder la vie que l'on a vraiment envie de mener. C'est ainsi que certains commencent à emprunter un chemin où ils se rapprochent d'eux-mêmes et se reconnectent à leur moi profond, en bénéficiant parfois d'un accompagnement (thérapeute, coach...). Si les changements mis en œuvre peuvent relever de la sphère professionnelle, il se peut aussi que les transformations ne concernent que la sphère personnelle de l'individu concerné. Dans tous les cas, ces événements graves donnent lieu à une remise en question de ses valeurs et de ses priorités. Voici les témoignages de Charles, Alice et Françoise, qui ont su faire de situations douloureuses le point de départ de leur nouvelle vie :

« Marié et père de deux jeunes enfants, très investi à la fois dans mon boulot et dans le sport, j'ai été touché par un AVC. Cet événement a été soudain et violent. Il a bouleversé ma vie et celle de ma famille. Il m'a fallu plusieurs mois pour récupérer mes facultés physiques et intellectuelles... Après cela, je n'étais plus tout à fait le même homme. Avec mon épouse Christine, nous avons commencé à remettre en question la vie que nous menions jusque-là et à rêver à celle que nous voulions mener désormais. Après plusieurs mois de réflexion commune, nous avons fait le choix de changer de région et d'activités professionnelles pour être plus alignés avec nos valeurs. Mon AVC n'était certes pas un choix, mais c'est lui qui a représenté le déclencheur principal de notre nouvelle vie. »

« Quand on m'a annoncé que j'étais atteinte d'un cancer, ce fut un véritable cataclysme dans ma vie... Passé le choc de la nouvelle et le moment délicat de l'annonce à mes enfants et à mes parents, je me suis concentrée sur les traitements, radiothérapie et chimiothérapie dans mon cas. Je vivais au jour le jour et j'essayais de faire confiance aux médecins... et à la vie ! Une fois que j'ai été considérée en période de rémission, j'ai été soulagée. J'ai repris le poste d'assistante et chargée de communication que j'occupais et qui me plaisait. Mais j'étais envahie d'une volonté de faire le ménage dans ma vie. Cela s'est traduit par le fait de prendre de meilleures habitudes alimentaires, car c'était devenu pour moi une manière évidente et prioritaire de prendre soin de mon corps et de ma santé. D'autre part, j'ai fait du « tri » dans mes relations, pour ne garder que les plus authentiques... »

« Le décès de mon frère m'a fait prendre conscience de l'impermanence des choses. J'ai été confrontée à la réalité du temps qui passe et à l'expérience de la durée de toute existence humaine. J'ai réalisé, au plus profond de mon être, que la vie c'était maintenant ou jamais, qu'il fallait que je vive sans attendre la vie que je voulais vivre. »

Même si nous savons que chacun de nous est appelé à mourir, la perte d'un être auquel on tient beaucoup peut tellement nous chambouler que cela nous incite à revoir les principes qui guidaient notre vie jusqu'alors. C'est aussi ce que raconte Caroline Vigneaux, l'avocate devenue célèbre comédienne : c'est au chevet de son grand-père mourant qu'elle a réalisé qu'elle était mortelle. Elle a alors développé une soif de vivre et de réaliser ce qu'elle avait vraiment envie de faire, d'où sa reconversion.

« On a deux vies. La deuxième commence quand on réalise qu'on n'en a qu'une. »
– Confucius

9 Question d'âge

Comme on l'a vu précédemment, les changements de vie peuvent intervenir à tous les stades de l'existence et trouvent leurs candidats et adeptes dans toutes les tranches d'âge. On constate toutefois que le facteur de l'âge joue un rôle dans la réflexion de personnes qui atteignent le milieu de leur carrière, de leur existence aussi. Pour celles-ci, cette réflexion prend un sens particulier quand elles regardent au-dessus de leur épaule le chemin parcouru, car très vite se pose la question de ce qu'elles voudraient « faire de la suite » : est-ce que je suis satisfait de mon existence jusqu'à aujourd'hui ? Est-ce que je poursuis dans la même direction ? Est-ce qu'au contraire, je ne suis pas totalement satisfait et je souhaite mettre en œuvre des changements de plus ou moins grande ampleur dans la partie de mon existence qui est devant moi ?

Certains se projettent alors assez naturellement dans l'avenir en se demandant : où ai-je envie d'être dans vingt ans ? Est-ce que j'ai envie d'être là où je suis aujourd'hui, à faire encore ce que je fais actuellement ?

C'est parfois en s'imaginant au moment de la retraite ou de la mort que certains commencent à trouver des réponses à leurs questions, ou tout au moins le début d'un élan pour agir désormais différemment. Si Orianne a accepté de quitter la brillante carrière qu'elle menait jusqu'alors, mais qui ne la comblait pas, c'est parce qu'elle ne voulait pas attendre la retraite pour vivre. Laurent, mon ami architecte devenu indépendant, parle même de son « angoisse du pot de départ », qu'il a développée en participant à des moments de convivialité autour de collègues plus âgés qui vivaient les derniers instants de leur carrière et qui se réjouissaient de leur vie « qui allait enfin pouvoir commencer ».

On retrouve cette volonté de se lancer « maintenant ou jamais » dans telle ou telle activité, dans tel ou tel rêve que l'on caresse depuis longtemps parfois. Ce peut être aussi, pour ceux qui ont les idées moins claires, le moment d'enfin « se poser », de s'accorder une pause, au moins le temps d'une réflexion, accompagnée ou non, pour faire le bilan des années écoulées jusqu'à aujourd'hui et définir les contours de la part de sa vie qui est devant soi.

Vers 45 ou 50 ans (sachant que selon les individus, ce peut être quelques années plus tôt ou plus tard), nous pouvons être confrontés à ce que Christophe Fauré présente comme « un nouveau défi auquel peu d'entre nous sont préparés : redéfinir cette identité, laisser derrière nous le fardeau de la version officielle de nous-mêmes que nous avons élaborée autrefois, embrasser enfin l'authenticité de notre être, transformer la personne que nous croyons être en la personne que nous sommes véritablement[5] ». Nous pouvons alors traverser ce que Carl Yung a défini comme le « processus d'individualisation » qui peut nous permettre de mieux comprendre et de contextualiser le besoin de changement que nous pouvons ressentir. Mieux le comprendre peut également nous donner les clés pour lui accorder sa juste place. Le processus d'individualisation suppose cinq étapes :

1 • L'étape d'accommodation

Durant cette phase, qui correspond à l'enfance, la jeunesse, on se construit en s'accommodant à ce que les autres attendent de nous. Nous tentons de répondre au mieux aux attentes de nos parents, de nos professeurs, pour être aimés et reconnus. En faisant cela, nous occultons inconsciemment une part de notre être.

---

5. Dr Christophe Fauré, *Maintenant ou jamais !*, Albin Michel, 2011, p. 34.

2 • La prise de conscience

Nous commençons à réaliser qu'il y a un décalage entre le « je » qui est aux commandes de notre vie au quotidien et une autre part de nous-mêmes, plus enfouie. On commence à se dire que l'on s'est peut-être perdu au fil des années. On peut ressentir ce que Christophe Fauré décrit comme « un appel lointain de ce que nous sommes et que nous n'avons pas encore choisi d'être[6] ».

3 • Le face-à-face

Nous traversons une phase de doutes et de remise en question. Nous vivons alors ce que Christophe Fauré appelle « la confrontation avec un réel qu'il devient impossible de nier », « un temps de fragilité, d'incertitude et d'interrogation qui restent encore sans réponse[7] ». C'est une période inconfortable car elle donne l'impression que notre vie n'a plus de direction. Beaucoup d'émotions (peur, colère, tristesse) peuvent se manifester. C'est aussi un moment de deuil car nous comprenons que nous devons mourir à une part de nous-mêmes, à la personne que nous croyions être jusqu'ici, sans voir encore clairement les contours de celle qui va émerger.

4 • Le début de l'intégration

Il y a moins de place pour l'incertitude et le chaos. Les choses se calment et s'éclaircissent peu à peu. On commence à définir de nouvelles priorités, à formuler des choix. On accueille cette transformation intérieure. On ressent, comme le dit Christophe Fauré, « un désir de ne plus se trahir et de ne plus s'abandonner[8] ».

---

6. *Ibid.*, p. 49.
7. *Ibid.*, p. 51.
8. *Ibid.*, p. 59.

5 • L'individualisation

On fait de la place à notre individualité et à toutes les dimensions de notre être : on devient alors un individu complet. Nous avons développé une meilleure connaissance de nous-mêmes qui nous permet d'accepter avec bienveillance nos qualités et nos défauts, de probablement réagir avec plus de douceur qu'auparavant.

★★★

Peut-être l'un ou plusieurs des 9 déclencheurs mentionnés ci-dessus a-t-il fait écho à votre histoire, passée ou présente ? En effet, la décision de changer de vie est finalement souvent multifactorielle. Ainsi, dans l'histoire de Charles et Christine, l'AVC de Charles représente certes le déclencheur principal, mais ils recherchaient également tous les deux plus de liberté et un alignement avec des valeurs essentielles pour eux, comme se rapprocher de la nature, voir leurs enfants grandir, faire de la place pour un engagement sociétal…

Orianne a été confrontée à un licenciement quand il s'est avéré qu'il n'y avait plus vraiment de place pour elle dans l'entreprise, mais l'épuisement professionnel et la pression excessive qu'elle avait connus précédemment, de même que cette vocation contrariée au moment de ses études, ont bien évidemment joué un rôle dans son changement de vie.

Ce caractère multifactoriel de la décision de changer de vie est particulièrement présent dans le témoignage de Julien :

« J'ai changé de vie en revenant à des idées d'avant qui ont ressurgi à l'âge adulte. Je me suis beaucoup adapté tout au long de mon parcours. Et à 30 ans, quand j'ai arrêté le rugby (qui m'avait occupé intensément de 6 à 30 ans), je me suis recentré, car j'avais soudain beaucoup plus de temps, et c'est là que je me suis rendu compte que je m'étais beaucoup adapté et que je ne faisais pas vraiment ce que j'avais envie de faire... J'ai grandi à côté d'une ferme et j'y passais beaucoup de mon temps. Petit, je disais que j'allais reprendre la ferme de mes voisins. C'était l'époque où les petites exploitations mouraient. On m'a dit que j'étais bon à l'école, que je devais faire des études. Alors j'ai fait des études de biologie à l'université. Et comme j'aimais le contact avec les enfants, je suis devenu enseignant.

Mais vers 30 ans, j'ai senti que le vent tournait à nouveau pour les petites exploitations : certaines réapparaissaient. Alors j'ai commencé l'apiculture avec quelques ruches sur un terrain qui appartenait à mes voisins. C'est ainsi que j'ai amorcé mon retour vers une activité agricole.

Il y a aussi eu le fait qu'un de mes enfants a nécessité à un moment une présence plus importante de ses parents pour raisons médicales. Réduire mon temps de travail m'a permis de démarrer mon activité agricole, mais aussi d'avoir plus de temps pour lui. Ce partage de mon temps me permettait d'avoir un meilleur équilibre de vie professionnelle/personnelle.

Et puis s'est ajoutée une certaine frustration dans mon environnement professionnel, quand je n'avais pas les moyens de mener à bien mes ambitions ou que je ne comprenais pas certaines décisions de l'Éducation nationale.

Ce sont en fait plusieurs raisons qui m'ont conduit à changer de vie... »

On parle souvent de « déclic » quand on nous présente le témoignage d'une personne qui a changé de vie... Un peu comme si l'on se réveillait un beau matin en se disant : « Mais oui, mais c'est bien sûr... » Un peu comme si le changement de vie se présentait toujours comme une évidence soudaine et implacable. C'est rarement le cas. Dans la réalité, il s'agit plus souvent du résultat d'un processus qui peut prendre plus ou moins de temps selon les individus. Le changement peut se réaliser progressivement, en douceur, ou se faire de manière plus rapide quand il fait suite à un événement extérieur, peut-être non choisi. Mais, même dans ces cas-là, on observe de toute façon un cheminement. Les étapes se vivent alors de manière accélérée et « l'événement extérieur » joue un rôle de révélateur qui met en lumière d'autres facteurs de décisions.

Nous avons vu, en nous intéressant aux différents déclencheurs qui peuvent conduire à un changement de vie, que le processus démarrait souvent avec un mal-être, une impression de décalage, de la souffrance, voire avec un événement non choisi (licenciement, perte d'un proche). Toutefois, les facteurs qui mènent à un changement de vie ne portent pas tous une connotation négative. Il y a souvent une flamme qui essaie de faire sa place même si le contexte est parfois tumultueux. C'est ce qu'a observé Françoise, devenue coach après une carrière en tant qu'ingénieur : « Il n'y avait pas que des déclencheurs négatifs. Il y avait en parallèle des choses qui stimulaient le vivant en moi. »

Comme on a pu le voir dans certains témoignages, il y a parfois des facteurs qui constituent des aides à la décision, des éléments incitatifs, comme par exemple un plan de départ proposé dans une entreprise avec un accompagnement (financier, formation...) qui permet éventuellement de se lancer dans un projet que l'on caressait depuis longtemps, en se disant « un jour, peut-être », sans oser passer à l'acte, car on ne se sent pas si mal que cela dans son quotidien. Le plan de départ représente une opportunité et donne alors le coup de pouce qu'il fallait pour trouver l'audace de se lancer. Nathalie reconnaît d'ailleurs que le plan de départ proposé par son entreprise a été aidant.

C'est à vous !

Si vous envisagez un éventuel changement de vie, quel est le déclencheur de votre réflexion ? Peut-être y en a-t-il plusieurs... Comme nous l'avons vu, la décision est souvent multifactorielle.

Et si vous preniez le temps de noter dans votre carnet la ou les raisons qui ont amorcé chez vous cette réflexion ?

- Tout d'abord, relevez-les de manière succincte.
- Je vous invite ensuite à essayer de les décrire en quelques lignes.
- Puis essayez de poursuivre en cernant ce que cela provoque chez vous comme réaction.
- Parvenez-vous à identifier les besoins/envies qui émergent ? Allez le plus loin possible dans cette étape. Vous pourrez y revenir au cours de la lecture de cet ouvrage pour préciser. Si vous commencez par des idées très généralistes, l'objectif est d'aller un cran plus loin en se disant « mais encore ? ».

Exemple :

→ **Déclencheur :** manque de sens dans mon job actuel.

→ **Description :** je ne vois pas pourquoi j'accomplis ces actions quotidiennes, ni à quoi elles servent.

→ **Réaction :** manque d'entrain, baisse de motivation, tristesse, diminution de mon engagement.

→ **Envie/besoins :** retrouver ma motivation, savoir pourquoi je me lève le matin → retrouver un job où je suis convaincu chaque jour de ma valeur ajoutée → un job au service des autres → ...

Chapitre 3

Changer un peu, beaucoup… À chacun sa solution

•

Comme nous l'avons vu, l'actualité fait la part belle aux changements de vie, qui sont mis à l'honneur dans des émissions dédiées. Quitter son job et sa ville pour se lancer dans une activité tout autre, de préférence à la campagne, est devenu à la mode. À tel point que chacun pourrait en venir à se demander : « Et moi, est-ce que je ne devrais pas aussi changer de vie ? » Le contexte ambiant a fini par créer une sorte d'injonction au changement de vie en donnant l'impression que l'on n'est pas normal si l'on n'envoie pas tout balader à un moment de son parcours. Un peu comme si les rapports s'étaient inversés et que faire le choix d'une autre vie devenait la norme, avec le risque de générer un sentiment de malaise ou de culpabilité chez ceux qui n'ont pas forcément envie de changer de vie, mais qui se sentent néanmoins bousculés par l'environnement social.

Il convient de prendre un peu de recul et de réaliser que, bien souvent, tout n'est pas vrai dans ce que l'on nous montre sur ces changements de vie. On ne nous raconte pas toutes les histoires. On ne nous dit pas tout non plus des expériences que l'on nous présente. On nous en offre souvent une vue déformée, incomplète, une vision par un prisme souvent exclusivement positif.

Soyons réalistes : les changements de vie « radicaux » restent des exceptions, même s'ils sont élevés au rang de mythe et alimentent à la fois l'imaginaire collectif et des fantasmes individuels.

Nous ne sommes pas tous appelés à « changer de vie radicalement », et il ne faut pas croire que tout est possible à n'importe quel instant de notre existence. Nous n'avons pas, à tout moment, tous les choix, mais on a toujours le choix. Le choix de changer, un peu, beaucoup ou pas du tout...

Car ne rien changer peut également être un choix. Si vous vous êtes posé la question d'un éventuel changement, mais que, après réflexion, vous vous rendez compte que vous êtes bien dans votre vie actuelle, surtout ne changez rien et... reposez-vous la question dans quelque temps ! Par contre, si vous êtes en questionnement depuis un moment et que le résultat de votre réflexion relève plutôt de l'insatisfaction, ne rien faire est sans doute préjudiciable à votre épanouissement. Il y a sans doute l'une ou l'autre chose à modifier, sans pour autant forcément chambouler votre vie de fond en comble.

Le changement de vie ne doit pas être une fin en soi. L'objectif devrait plutôt être d'ouvrir la porte à soi-même, à nos richesses, au potentiel intérieur qui sommeille en nous. Il s'agit de donner la parole à la part enfouie de nous-mêmes qui n'a peut-être pas encore pu se révéler jusqu'à aujourd'hui et qui ne demande qu'à s'exprimer. Ainsi, on ne devrait pas dire « Je voudrais changer de vie », mais plutôt « J'aimerais m'aménager une vie dans laquelle mes priorités, mes valeurs et mes talents auraient leur place »... On voit que le questionnement se déplace alors vers l'intérieur de nous. On comprend mieux que la réponse soit individuelle, différente pour chacun, puisque les priorités, valeurs et talents de chacun sont différents.

Certains mettront en œuvre des ajustements dans leur vie pour que leur existence réponde mieux à leurs attentes. Pour d'autres, les changements prendront l'allure d'un véritable chantier. Entre évolution et révolution : il convient que chacun trouve sa réponse.

Une évolution, des ajustements pour les uns...

Nous avons vu dans le chapitre précédent que le questionnement commençait souvent par un malaise et qu'il touchait fréquemment la sphère professionnelle. Il est intéressant de déchiffrer ce malaise. Qu'est-ce qui le provoque ? Qu'est-ce qui ne nous convient pas ou plus ? Est-ce que ce sont les missions ? les relations avec notre manager ? les conditions de travail ? Plus l'analyse sera fine, plus la réponse sera juste. Si ce sont les temps de trajet entre votre domicile et votre lieu de travail qui vous pèsent, peut-être existe-t-il une autre solution que de donner votre démission pour aller élever des moutons en Corrèze !

Changer de poste dans la même entreprise

Tout dépend de la taille de l'entreprise dans laquelle vous travaillez, mais peut-être suffit-il de changer de poste au sein de la même société et occuper, si la taille de la structure le permet, un poste similaire dans une autre entité.

Changer de métier dans la même entreprise

Certaines entreprises savent accompagner leurs salariés dans l'évolution de leurs compétences, y compris vers un autre métier. Cette démarche fait parfois partie de la culture de la structure qui y trouve son compte car, certes, il faut investir dans la formation d'un salarié qui change de métier, mais on peut également se reposer sur sa connaissance de la culture de l'entreprise et de ses process internes.

Changer d'entreprise

Parfois il n'est pas possible d'exercer le même type de poste ou d'évoluer vers un autre métier au sein de l'entreprise qui nous emploie. On peut aussi ne pas le souhaiter. La réponse peut alors consister à changer d'employeur, en démissionnant ou en négociant son départ.

Instaurer ou augmenter la part de télétravail

Si votre mal-être provient du fait que vous passez deux fois une heure et demie par jour sur la route pour vous rendre sur votre lieu de travail, pourquoi ne pas demander, si vos missions le permettent, à pouvoir travailler un ou deux jours depuis votre domicile ? Si vous souffrez d'un manque d'équilibre entre votre vie personnelle et votre vie professionnelle, le télétravail peut apporter un élément de réponse. En effet, vous allégez alors votre semaine du stress des trajets, ne fût-ce qu'un ou deux jours sur cinq, ce qui permet de gagner du temps au profit de votre activité professionnelle et/ou de votre vie de famille.

Réduire son temps de travail

Si vous manquez de temps pour vos enfants, vos parents, ou pour une activité qui vous apporterait de la joie et contribuerait à votre épanouissement, pourquoi ne pas demander le passage à temps partiel ? Nul besoin d'être mère de famille nombreuse pour ne pas travailler le mercredi ! Une maman dont les enfants ont grandi peut souhaiter conserver son temps partiel pour s'accorder quelques heures pour une activité qui lui tient à cœur. Un homme peut avoir envie de ne pas travailler le vendredi pour s'adonner à sa passion pour la photographie ou la sculpture.

Opter pour le « temps partagé » ou le slashing !

On voit aujourd'hui émerger de nouvelles manières de travailler, de nouveaux statuts. Ainsi le travail « à temps partagé » vous donne la possibilité de travailler pour plusieurs employeurs. C'est l'occasion d'enrichir ses compétences, de mettre en œuvre son expérience dans des environnements différents et de développer son réseau. Les personnes qui font le choix du temps partagé apprécient aussi de découvrir la culture et les méthodes de travail de différentes entreprises. Si l'on peut voir poindre le risque de cumuler des activités et le stress associé, cette option peut au contraire offrir l'opportunité de travailler à temps plein à certains moments et d'avoir par ailleurs des périodes à temps partiel. Ainsi est-il possible d'adapter le rythme de son activité professionnelle à ses contraintes personnelles, ou à d'autres besoins qui supposent un ralentissement à certains moments et permettent un rythme plus soutenu à d'autres.

Parfois, le fait de combiner plusieurs activités professionnelles, avec potentiellement différents statuts, correspond à un désir assumé et durable de diversifier ses activités. On appelle cette manière de travailler le « slashing » et celles et ceux qui le pratiquent les slasheurs ou slasheuses, en référence au trait « / » qui leur permet d'énumérer les différents métiers qu'ils exercent : Consultant en marketing digital / Photographe / Auteur. Les slasheurs ne font donc pas le choix d'une activité professionnelle unique, ils en combinent plusieurs, souvent avec des statuts différents (salarié et indépendant), et mixent ainsi des activités plus rémunératrices avec des activités qui correspondent davantage à une passion.

Certains s'autorisent parfois à combiner des activités intellectuelles, manuelles et physiques : Chargé de communication / Spécialiste en permaculture / Professeur de Pilates. Et c'est dans ce patchwork que certains trouvent leur équilibre. Loin d'être des touche-à-tout sans cohérence dans leur parcours, les slasheurs se définissent au contraire par l'intérêt qu'ils portent à chacune des activités qu'ils exercent. Attention, être slasheur suppose certaines qualités telles que l'organisation, la capacité à s'adapter, à passer d'une tâche à une autre, la curiosité, la capacité à faire face à des périodes de charge de travail importante quand plusieurs activités tombent au même moment. La frontière entre la vie professionnelle et la vie privée des slasheurs est souvent ténue. En fonction du degré d'intensité avec lequel le slashing est pratiqué et du nombre d'activités combinées, il peut donc relever d'un ajustement ou d'un plus grand changement...

La révolution, le grand bouleversement pour d'autres

Parfois, un ajustement ne suffira pas, la réponse consistera à passer par un changement de plus grande envergure.

Changement de métier

Pour certains, la réponse se trouve dans un changement de métier. Ils perdent alors leurs repères professionnels. Parfois, il est possible d'apprendre assez rapidement un nouveau métier, en observant d'autres faire ou en étant plongé dans le bain, sur le terrain. Dans d'autres cas, le changement suppose de retourner sur les bancs de l'école pour apprendre le métier choisi.

C'est le cas de Sandrine, acheteuse dans un groupe industriel, qui a suivi un CAP de chocolatier confiseur. Orianne, ingénieur, a également fait le choix d'une reconversion passant par une formation de céramiste auprès d'un maître potier.

Le fait de changer de métier, de devoir reprendre des études peut donner à certains le sentiment de repartir de zéro, de devoir tout apprendre. Or, la plupart du temps, les personnes qui ont suivi ce parcours reconnaissent que l'apprentissage s'est fait de manière accélérée, car elles capitalisaient en réalité sur des compétences acquises dans leur vie d'avant qui leur facilitaient la tâche. L'expérience acquise dans un premier parcours professionnel aide à appréhender certaines situations avec plus de maturité.

J'ai aussi rencontré des personnes chez qui des formations ponctuent régulièrement leur parcours professionnel, ce qui atténue en quelque sorte le caractère révolutionnaire du changement de métier. Les choses se font alors parfois plus en douceur. Ainsi Sophie, qui a commencé sa carrière comme traductrice-interprète, est aujourd'hui DRH ! Cette évolution n'a pas pris l'allure d'une révolution, mais plutôt d'un changement continu. Elle a fait un bilan de compétences, avant de suivre des cours pour devenir formatrice. Puis elle a continué à suivre des formations dans d'autres domaines : communication non violente, analyse systémique d'organisation, coaching, supervision... qui l'ont menée assez naturellement au métier qu'elle exerce aujourd'hui.

Changement de région

Pour certains le changement de vie prend forme au travers d'un changement de lieu de vie. Savez-vous que 43 % des Français rêvent de se mettre au vert[9] ? Ce taux grimpe même à 52 % chez les Parisiens ! D'autant plus que changer de région, sans changer de job, devient parfois possible avec le télétravail. Ceux dont l'employeur accepte qu'ils

---

9. Baromètre de la mobilité Hellowork (décembre 2021) dans la revue *Management*, n° 303, juin-juillet 2022, p. 48.

conservent leur job dans une grande ville, alors qu'ils ont déménagé dans une ville plus petite ou à la campagne, peuvent jouir des avantages d'un cadre de vie qui leur convient mieux, sans pour autant démissionner, moyennant le plus souvent une présence dans les locaux de l'entreprise une à deux fois par semaine. Si cette option est possible pour un des deux membres d'un couple, elle peut aider la famille à franchir le pas d'un changement de région, sans pour autant toucher aux carrières des deux conjoints.

Changement de statut

Changer de statut est un changement en soi. Se déclarer auto-entrepreneur se fait en quelques clics et permet d'avoir une activité complémentaire à une activité principale souvent exercée en tant que salarié. Par contre, devenir indépendant à 100 % alors que l'on était salarié se prépare, car il est important de mesurer les impacts en termes de salaire, de couverture sociale, de fiscalité et de retraite.

Changer de statut sans changer de métier, c'est le choix de Laurent qui travaillait dans un cabinet d'architecte en tant que salarié et qui a décidé de devenir indépendant. Avantages ? La liberté, l'indépendance, le choix des dossiers sur lesquels il va travailler. S'il a souhaité reprendre des études d'architecte, c'est pour enrichir sa culture architecturale et bénéficier de la reconnaissance du titre qui lui est précieuse dans l'exercice de son activité en tant qu'indépendant. Géographe de formation, Laurent ne perd pas le fil conducteur de son parcours puisqu'il dessine toujours l'espace : « Je n'ai pas changé de métier, mais je suis allé plus loin dans ma discipline. »

Combiner les changements

On recommande parfois de ne pas « tout changer » en même temps, afin de s'appuyer sur ce qui ne change pas pour gérer la zone de notre vie qui est en plein bouleversement. On conserve alors une « zone de confort ».

Toutefois, pour certains, les changements se conjuguent au pluriel ! Ainsi, Fanny nous confie : « À chaque fois que j'ai changé de lieu de vie pour suivre mon conjoint, j'ai dû me réinventer professionnellement. »

Enceinte de son troisième enfant, Caroline a quitté la région parisienne avec son mari et ses deux enfants pour s'installer à Nantes. Elle aborde les changements de manière très naturelle. Elle parle de synchronicité entre plusieurs éléments : changement pro, changement familial, changement de lieu.

Certains font le choix du grand bouleversement en changeant à la fois de métier, de statut et de région ! C'est le cas de Charles et Christine qui ont quitté leurs jobs respectifs en tant que salariés et la région où ils habitaient pour ouvrir des chambres d'hôtes et un gîte dans une autre région, activité qu'ils exercent avec le statut d'indépendants. Ils se sont lancés dans cette aventure en couple, entraînant dans cette expérience leurs deux jeunes enfants.

> **« Ils ne savaient pas que c'était impossible, alors ils l'ont fait. »**
> – Mark Twain

Et si le changement était ailleurs ?

« Que faire si je ne me sens pas bien dans ma vie, que je ressens un certain malaise, mais que j'adore mon job, mes collègues, mon boss ? » Inutile dans ce cas de donner un coup de pied dans la fourmilière ! La réponse ne serait pas la bonne. Si vous vous sentez épanoui dans votre environnement professionnel actuel, surtout ne changez rien ! Questionnez plutôt votre rapport à la vie et investiguez les autres sphères de votre existence dont une ou plusieurs sont peut-être en souffrance et mériteraient probablement l'un ou l'autre changement...

Des petits ingrédients aux grandes décisions

Si l'on se sent bien dans sa vie professionnelle, peut-être y a-t-il des changements concrets à apporter dans la sphère personnelle. Et là encore, on retrouve des ajustements pour les uns, qui vont suffire à leur rendre la vie plus belle, alors que d'autres feront le choix d'un bouleversement plus important...

- **De petits ingrédients qui rendent la vie plus douce...**

Au cours de leur réflexion, certains réaliseront que leur malaise provient d'un ennui, d'une lassitude en lien avec une routine trop établie, et qu'il serait bon de faire de la place pour une activité sportive, artistique ou culturelle régulière. D'autres feront le constat que le rythme citadin, avec ses transports en commun, le bruit ambiant, la présence constante d'individus autour d'eux, les étouffe et qu'ils ont besoin d'espace et de silence de temps en temps. Une balade régulière en forêt, au bord de la mer ou dans un parc pourra parfois suffire à rendre le quotidien plus paisible. Pour d'autres encore, le changement se situera peut-être au niveau relationnel et social. Quelquefois, on peut se sentir à l'étroit entre une vie professionnelle chargée et une vie familiale qui l'est tout autant, et pourtant on ressent le besoin d'« élargir son horizon » et de s'engager dans du bénévolat, par exemple, ou de développer davantage son réseau d'amis. Pour certaines personnes, peut-être engagées dans une activité professionnelle très prenante, il s'agira de s'« aérer la tête » plus souvent, en s'accordant des vacances de manière plus régulière ou en faisant des pauses ne serait-ce qu'avec des week-ends évasion : il ne faut pas partir bien loin pour se ressourcer ! D'autres feront le choix, pour se sentir mieux dans leur vie, de revoir leur rapport à l'alimentation : menus plus équilibrés, choix d'aliments et de produits de meilleure qualité... Ces ajustements peuvent permettre de réellement faire évoluer notre quotidien.

- **De grandes décisions au service du bien-être...**

Certains individus, en sondant leur intériorité, feront le constat que, s'ils veulent réellement se sentir mieux dans leur vie, ce sont de grandes décisions qu'il va falloir prendre, parfois dans la joie, parfois dans la tristesse. Ainsi, le changement peut prendre la forme d'une année sabbatique pour faire un tour du monde à vélo. Cette expérience, ponctuelle, fera grandir la personne concernée et aura un impact sur la suite de son existence. Pour d'autres, il s'agira d'une séparation d'avec la personne qu'ils ont pourtant aimée pendant plusieurs années. Même si le passage est douloureux, c'est parfois la bonne décision pour permettre une renaissance à soi. Dans les deux situations, l'existence se trouve chamboulée...

Avant d'en arriver à ces décisions de changements personnels, petits ou grands, les personnes concernées auront connu une période de mal-être, de doutes, de questionnements. Parfois, on trouvera à l'origine de ces décisions un des déclencheurs communs avec les décisions de changements dans la vie professionnelle. Ainsi, la maladie ou la perte d'un proche peuvent mener à une réflexion qui conduira à un ou plusieurs changements, dans les sphères personnelle ou professionnelle, voire les deux... Changements pro et perso peuvent évidemment se combiner.

Changer de regard

Et s'il n'y avait en réalité *rien* à changer… à part peut-être le regard que nous portons sur notre vie, nos activités, nos relations ? Et s'il suffisait de changer de posture dans la vie que nous menons, sans rien changer d'autre, pour que notre quotidien soit transformé ? Si je fais le constat que je ne suis jamais contente, que rien ne me va jamais et que je suis systématiquement négative et sans enthousiasme, il y a fort à parier que, si je plante tout pour mener une activité radicalement différente ailleurs, je reproduise le même scénario dans ce nouvel environnement. Je considérerai alors que mon changement de vie a été un échec, simplement parce que la réponse n'était pas la bonne. Si je parviens à développer un regard plus positif sur ma propre vie, sur mon quotidien, sur les relations que j'entretiens avec les autres, peut-être pourrais-je réaliser tout le positif et toute la joie que comporte *cette* vie, *ma* vie ? Et j'aurais alors trouvé la réponse : il ne fallait pas changer de vie, mais juste de regard… Cette prise de conscience me permettra de mieux savourer ce qui va bien et me convient dans mon existence. La psychologie positive, notamment, regorge de pratiques nous permettant d'aller dans le sens de cet épanouissement, comme par exemple identifier et partager des émotions agréables, tenir un journal de gratitudes, répéter des phrases positives à des moments clés de la journée, s'entourer de personnes énergisantes…

Les changements de nos vies éclairés par le cycle des saisons

Frédéric Hudson, philosophe, écrivain, coach et professeur américain à l'université de Columbia, a modélisé les phases de changements que nous connaissons tous dans notre existence en utilisant la métaphore des saisons. Ainsi, notre vie comprend des phases qui se succèdent et qui ont chacune leur rôle à jouer. Certaines sont faciles, pleines de joie et d'énergie, alors que d'autres seront plus difficiles, calmes ou tristes. Hudson croise deux axes : l'un, vertical, qui représente le niveau et l'orientation de notre énergie (haute et tournée vers l'extérieur en haut / basse et tournée vers l'intérieur en bas), l'autre, horizontal, qui représente la nature de notre énergie (positive à gauche, négative à droite). Les deux axes dessinent quatre cadrans dans lesquels il loge les saisons et, par analogie, quatre cycles de vie :

❶ L'été - Alignement

L'été est, dans nos régions, la saison la plus chaude et la plus ensoleillée, celle où la nature rayonne et nous offre de nombreux fruits savoureux. Dans notre existence, l'été correspond à des périodes où notre niveau d'énergie est au plus haut et tourné vers l'externe. C'est une énergie positive qui nous anime. Durant cette phase, on se lance avec confiance et joie dans de nouveaux projets. Nous sommes alignés avec nos envies et nos valeurs. C'est la phase de la réalisation.

➡ Émotions : joie, dynamisme, enthousiasme

Exemple : vous avez quitté un job qui ne vous plaisait pas, une équipe où l'ambiance était pesante et un manager directif pour faire le choix d'un autre poste, avec des missions qui vous enchantent, au sein d'une équipe bienveillante et unie, avec un manager qui vous laisse liberté et autonomie. Vous êtes dans la joie.

❷ L'automne - Désynchronisation

Quand arrive l'automne, les températures baissent, la période d'ensoleillement se réduit de plus en plus. La nature se met au repos pour l'hiver. On observe parfois plus de nuages et de vent.

Dans notre existence, une phase automnale sera celle où l'on commence à se remettre en question, où des doutes et des insatisfactions apparaissent. Ce peut être une phase de désenchantement. Le niveau d'énergie est teinté d'un début de mal-être, de colère ou de frustrations. Il se peut que quelques ajustements suffisent pour nous faire repartir vers l'été. Il se peut aussi que ces questionnements nous conduisent à la phase hivernale...

➡ **Émotions : insatisfaction, déception, frustration, désenchantement, tristesse**

Exemple : vous avez changé d'entreprise parce que votre travail et votre environnement ne vous convenaient plus. Après quelque temps, vous êtes déçu. Vos nouvelles missions ne contiennent pas le piment que vous attendiez. Si vous allez voir votre manager pour en parler ouvertement, et qu'à la suite de cet échange il vous confie un nouveau projet qui vous enchante, vous repartez vers l'été. Si la déception persiste et que les questionnements s'intensifient, peut-être entrez-vous dans une période hivernale qui va supposer une réflexion plus profonde.

❸ L'hiver - Désengagement

C'est la saison où il fait froid, où l'on a tendance à moins sortir et à préférer le cocooning. Certains la trouvent triste... Pourtant, cette saison où la nature est au repos permet au printemps d'arriver, à la nature de renaître.

De la même manière, dans notre existence, nous pouvons connaître des « périodes hivernales » dans lesquelles nous connaissons une énergie basse et négative, où nous sommes tristes et avons tendance à nous renfermer sur nous-mêmes. Il s'agit parfois d'un temps de réflexion, d'introspection qui va permettre de se ressourcer et de « renaître à soi ». Même si cette période peut générer de la souffrance, elle peut aussi mener à des changements positifs.

➡ **Émotions : lassitude, fatigue, pas d'envie, déprime**

Exemple : votre insatisfaction est bien présente et même elle grandit. Trop de choses ne vous conviennent plus. Vous n'avez plus envie de vous adapter. Les ajustements ne suffisent plus. Vous baissez les bras, vous vous mettez en retrait. Vous réduisez votre niveau d'engagement, vous en faites le minimum. Vous prenez du recul pour identifier précisément ce qui ne vous convient plus et ce dont vous auriez besoin.

❹ Le printemps - Renouveau

Le printemps se caractérise par le renouveau de la nature, un radoucissement des températures, la fonte des neiges, l'apparition des bourgeons sur les arbres et les premières floraisons.

Par analogie, si nous avons connu dans notre vie une période hivernale, suit alors une phase de renouveau où les choses s'apaisent, s'éclaircissent. Le niveau d'énergie remonte peu à peu, l'énergie redevient positive et l'on s'ouvre peu à peu sur l'extérieur. C'est la phase où nous tentons de nouvelles choses, nous ancrons des choix pour la suite de notre existence. C'est dans cette phase que nous prenons la décision d'un changement radical qui sera plus aligné avec notre mission de vie.

➡ **Émotions : apaisement, confiance retrouvée, envie d'essayer**

Exemple : vous avez compris ce qui ne vous convenait plus et ce dont vous aviez envie et besoin pour vous réaliser. Vous prenez la décision de démissionner pour reprendre une formation et créer votre activité en tant qu'indépendant.

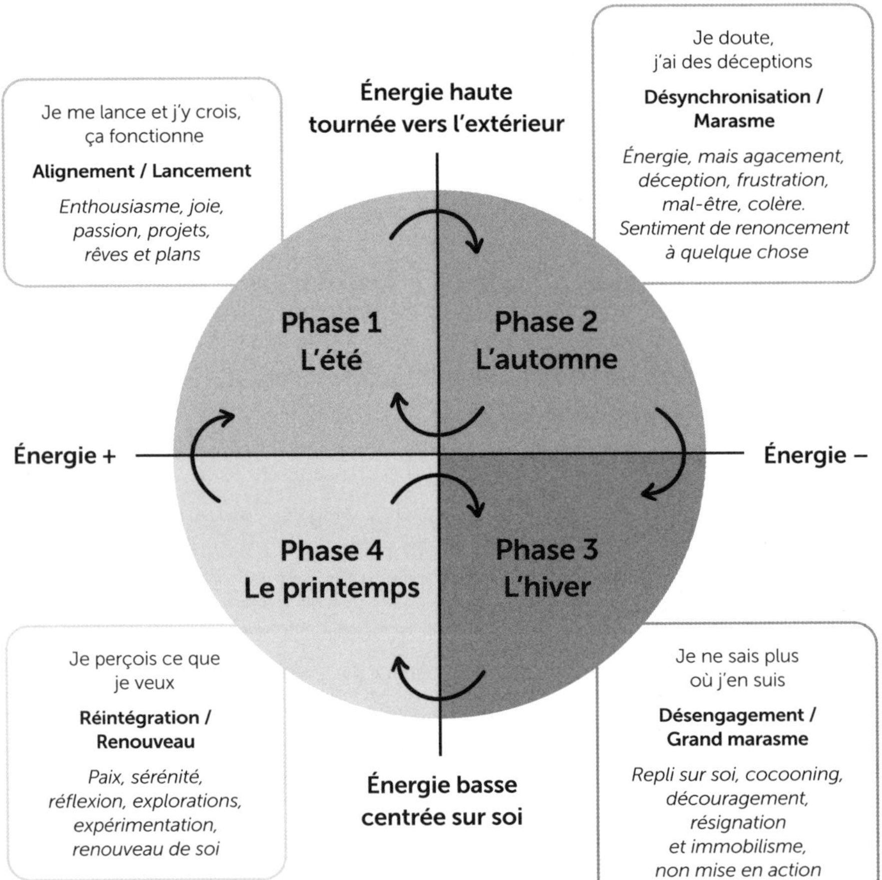
Énergie haute
tournée vers l'extérieur
Je me lance et j'y crois,
ça fonctionne
Alignement / Lancement
Enthousiasme, joie,
passion, projets,
rêves et plans
Je doute,
j'ai des déceptions
Désynchronisation /
Marasme
Énergie, mais agacement,
déception, frustration,
mal-être, colère.
Sentiment de renoncement
à quelque chose
Phase 1
L'été
Phase 2
L'automne
Énergie +
Énergie –
Phase 4
Le printemps
Phase 3
L'hiver
Je perçois ce que
je veux
Réintégration /
Renouveau
Paix, sérénité,
réflexion, explorations,
expérimentation,
renouveau de soi
Énergie basse
centrée sur soi
Je ne sais plus
où j'en suis
Désengagement /
Grand marasme
Repli sur soi, cocooning,
découragement,
résignation
et immobilisme,
non mise en action

Ce modèle nous aide à comprendre certaines variations que nous pouvons connaître dans notre niveau d'énergie au regard de ce que nous vivons. Il peut nous aider à identifier dans quelle saison nous sommes et ainsi à mieux comprendre les émotions que nous traversons, à les accueillir, pour ensuite mettre en place les bonnes actions ou chercher le soutien approprié.

Bien évidemment, nos existences ne se réduisent pas à une succession de phases qui se suivent et se répètent immuablement. Quand on vit des « petits changements », ce que les coachs appellent des « mini-transitions », des ajustements suffisent et l'on connaît un aller-retour entre l'été et l'automne sans traverser les autres saisons. On ne passe pas nécessairement par une période hivernale avant un changement et la durée des phases est différente selon les individus.

★★★

Nous prenons conscience, à la fin de ce chapitre, que le changement fait partie de la vie de chacun d'entre nous, à plus ou moins grande échelle. Qu'on le veuille ou non, on doit faire face à des changements et s'adapter. On peut en avoir peur ou les accueillir avec plus ou moins d'enthousiasme. On peut aussi les rechercher ou les provoquer, surtout si l'on est « naturellement curieux de la nouveauté » comme Caroline.

Notre personnalité et la « culture du changement » dans laquelle nous avons baigné, enfant notamment, peuvent influencer notre rapport aux aléas de la vie. Les enfants auxquels on a dit, comme à Caroline, « Vas-y, ose, et même si tu te plantes, ce n'est pas grave, tu vas apprendre », abordent en général plus sereinement le changement et prennent plus facilement des risques. Alors que ceux à qui l'on aura répété sans cesse « Attention, tu risques de… » ont plus généralement développé des réflexes de prudence et de sécurité qui brident l'audace.

La perception de l'importance d'un changement est aussi éminemment personnelle : des changements qui seront minimes pour les uns représenteront un vrai bouleversement pour d'autres. Ainsi, il est naturel pour certaines personnes de changer régulièrement d'employeur. Démissionner pour rejoindre une autre entreprise sera alors vécu comme un événement mineur, alors que, pour une personne qui a toujours connu la même entreprise, changer d'employeur pourra être vécu comme une révolution.

Comme nous l'avons vu, il est possible de mettre en œuvre des petits changements ou des bouleversements de plus grande ampleur. Quand notre quotidien nous ennuie ou manque de saveur, quelques ajustements suffisent généralement pour nous redonner la satisfaction qu'il nous manquait : on parle alors d'« évolution ». Dans d'autres cas, le mal-être est plus profond et déclenche une véritable crise existentielle qui vient questionner le sens même de notre vie et nos valeurs : les changements sont souvent plus radicaux. J'ai alors parlé de révolution, de chamboulement. Parfois, une répétition d'ajustements peut constituer le prélude d'un changement plus profond. Ainsi, une personne va chercher à répondre à un malaise en changeant à plusieurs reprises d'employeur avant de se lancer dans une reconversion.

C'est à vous !

Au terme de ce chapitre et de cette partie II, je vous propose deux pistes de réflexion :

- **Quel type de changement imaginez-vous pour vous ?**

Vous projetez-vous plutôt dans un changement de type « évolution » (ajustement) ou « révolution » (bouleversement plus important) ? Entrevoyez-vous la forme que cela pourrait prendre ? Les changements que vous imaginez toucheraient-ils la sphère personnelle et/ou professionnelle de votre vie ?

Je vous invite à mettre en mots le changement que vous imaginez, même si ce n'est aujourd'hui qu'une piste. Essayez de vous y projeter et de le décrire en allant aussi loin que cela est possible pour vous à ce stade de votre réflexion.

Ensuite, prenez le temps de relire les notes que vous avez prises lors de la lecture du chapitre sur les déclencheurs. Le type de changement que vous imaginez vous semble-t-il une réponse juste par rapport au(x) déclencheur(s) identifié(s) ?

Exemple :

→ **Type de changement :** quitter Paris et s'installer dans un petit village des Pyrénées.

→ **Description :** reprendre un commerce de proximité abandonné.

→ **Relecture du déclencheur :** Si vous aviez écrit « marre des bouchons matin et soir pour aller travailler », le type de changement peut sembler – à première vue – disproportionné.

Cela vaut le coup de s'assurer que la réponse est la bonne, car il existe d'autres solutions pour s'épargner les bouchons quotidiens que de s'installer dans un village des Pyrénées et de reprendre une activité commerciale locale (changement de type « révolution »). Négocier du télétravail avec votre employeur deux ou trois jours par semaine est une réponse possible (changement de type « ajustement »). À vous de vous assurer que vous avez une vision complète des déclencheurs qui sont les vôtres.

Si vous aviez écrit : « besoin de se rapprocher de la nature », « envie forte de se lancer dans une activité commerciale », « besoin de contacts de proximité », ça sonne déjà plus juste. Il faut bien entendu affiner et consolider votre projet, mais la piste vaut le coup d'être creusée...

- **Avez-vous repéré la saison que vous étiez en train de traverser ?**

Je vous invite à l'inscrire dans votre carnet et à décrire comment cette saison se manifeste en vous. Voyez si vous vous retrouvez dans les mots-clés proposés. Peut-être d'autres vous viendront-ils à l'esprit. La liste proposée n'est bien sûr pas exhaustive !

Partie III

Comment mettre en musique son changement de vie ?

Si nous avons pris conscience que les changements, petits ou grands, que nous souhaitions initier dans nos vies pouvaient toucher tant la sphère professionnelle que la sphère personnelle, la suite de mon ouvrage va se concentrer sur les choix de changements de vie touchant l'activité professionnelle. En effet, nous avons vu que sept Français sur dix avaient envie de « changer de vie » et que 90 % auraient déjà pensé à se reconvertir. Je souhaite apporter un éclairage à ces personnes pour qu'elles choisissent en conscience de concrétiser ou pas ce changement d'activité professionnelle qu'elles ont dans un coin de leur tête...

Chapitre 1

Les étapes pour aborder le changement de vie

Si l'envie de changer de vie vous titille depuis un moment, peut-être vous demandez-vous comment la concrétiser ? Quelles sont les étapes qui mènent à ce changement de vie ? Car, comme nous l'avons vu précédemment, rares sont les personnes qui se sont réveillées un beau matin avec une révélation sur ce que serait désormais leur existence... Le changement de vie n'est pas facile à mettre en place et suppose quelques étapes.

❶ Comment identifier le projet qui est le mien ?

Changer de vie… vraiment ?

Nous avons vu que l'expression « changement de vie » pouvait couvrir des réalités très différentes selon les individus. Le changement est éminemment personnel, intime même. Dans cette expression, parfois un peu fourre-tout, on retrouve à la fois les termes de « changement » et de « vie ». Chacun peut peut-être commencer par se demander s'il souhaite « changer de vie » ou « changer quelque chose dans sa vie ». Et déjà peut-être des contours se dessineront-ils… Certains se rendront compte qu'ils ne veulent effectivement pas troquer leur existence pour une autre, mais plutôt la conserver et changer un ou plusieurs aspects de cette vie dans laquelle tout n'est sans doute pas à jeter ! Et il suffira peut-être même pour d'autres de « tout simplement » changer de regard sur leur existence, ce qui est en réalité énorme, car tout sera conservé, mais comme tout sera perçu différemment, rien ne sera pareil. Le changement sera intérieur et profond.

Entre fuite et cap…

Quand on entame une réflexion sur un éventuel changement de vie, il convient au fond de se demander ce que nous voulons changer dans notre existence. Et se méfier sans doute de cette envie de « tout changer ». Car quand l'envie de « tout plaquer » nous saisit, c'est en général que nous cherchons à fuir quelque chose. Il est alors urgent de ne pas se presser… et de commencer par s'interroger sur ce qui ne nous convient plus, par creuser les raisons profondes de notre insatisfaction et notre responsabilité dans ce que nous fuyons. Peut-être y a-t-il des choses qui nous font souffrir, qui ne nous conviennent plus, qui ne sont plus en adéquation avec nos valeurs. Il peut y avoir des éléments de différentes natures. Par exemple, vous souffrez au quotidien d'une relation malsaine avec un manager toxique dont vous voulez à tout prix vous détacher, et par ailleurs, vous ne souhaitez plus partager votre temps uniquement entre le boulot et la famille, sans un moment de loisirs pour vous.

Cette étape est importante car elle nous permettra de prendre du recul, de mieux cerner les points d'insatisfaction. Il faudra faire attention à cette nécessité d'urgence qui peut parfois nous envahir. Car, souvenons-nous, un désir de changement peut en masquer un autre, comme le rappelle Christophe Fauré : « Parfois, on pressent en soi la nécessité d'un changement, mais on ne parvient pas à en identifier clairement la nature ; c'est là où la patience et la réflexion sont indispensables. Il faut se méfier du sentiment d'urgence. Le désir de changement professionnel peut cacher autre chose. (...) Ainsi, veillez à ce que votre désir de changement dans un secteur de votre vie qui vous frustre ou ne vous satisfait pas ne se déplace pas de façon inappropriée (et souvent inconsciente) sur votre activité professionnelle. Cela ne signifie pas que vous ne devez rien modifier dans ce domaine, mais ce n'est peut-être pas là que vous devez focaliser vos efforts pour rendre votre vie plus heureuse. Vous risquez d'opérer un changement de surface sur le plan professionnel, quand il ne s'agit que d'un mouvement d'évitement de la vraie situation qui, elle, mérite effectivement une mutation. Ne vous trompez donc pas de cible et prenez le temps de la réflexion : le changement auquel vous aspirez ne se situe peut-être pas là où vous le croyez[10]. »

> **« Ce n'est pas le vent qui décide de votre destination, c'est l'orientation que vous donnez à votre voile. Le vent est pareil pour tous. »**
>
> – Jim Rohn

---

10. Dr Christophe Fauré, *op. cit.*, p. 218.

Un travail d'introspection est essentiel car il va vous permettre de cerner vos manques et vos insatisfactions, mais cela n'est bien évidemment pas suffisant. Il s'agit également d'identifier ce que vous recherchez, quelles sont vos aspirations. Il sera essentiel de définir, sinon un port de destination, au moins un cap.

Pour quoi ? et d'ailleurs pourquoi ?

Pour nous aider à identifier quel pourrait être ce port de destination ou ce cap, il est intéressant de répondre à la double question « Pour quoi ? » et « Pourquoi ? ».

Pour quoi ? Quel est mon but ? Qu'est-ce que je cherche à atteindre ? Qu'est-ce que je vise ? Nous sommes ici invités à nous poser la question de notre objectif.

Pourquoi ? Pour quelle raison ? Quelle est ma motivation ? Ici, c'est plutôt à la question du sens qu'il est nous est proposé de réfléchir.

> **« Celui qui possède un pourquoi qui le fait vivre peut supporter tous les comment. »**
> – Friedrich Nietzsche

Place aux idées

Si certaines personnes parviennent assez facilement à identifier ce vers quoi elles ont envie de se tourner, pour d'autres ce sera moins évident. La seule chose qui s'impose à elles est cette intuition qu'il leur manque quelque chose pour être épanouies ou encore cette sensation de ne pas être là où elles devraient être... Cela génère mal-être, fatigue, tristesse et frustration. Pour démarrer la réflexion, il peut être intéressant de regarder du côté de vos hobbies, de vos passions, de vos forces et de vos valeurs. Évidemment, toute pratique de loisirs ne peut devenir une activité professionnelle rémunératrice qui remplacerait votre métier actuel, et ce n'est pas forcément ce à quoi vous aspirez. Un passionné de ski n'a pas nécessairement envie de devenir moniteur de ski. Une adepte de la pâtisserie ne se voit pas obligatoirement ouvrir une pâtisserie ou un salon de thé. Toutefois, ce petit brainstorming, aussi libre que possible, peut permettre de définir des pistes. Place au foisonnement des idées ! En listant toutes les activités qui vous apportent du plaisir, les talents que l'on vous reconnaît, vos centres d'intérêt et les valeurs qui vous animent, peut-être commencerez-vous à tirer le fil d'une réflexion qui vous guidera vers ce fameux « port de destination ». Et des outils, comme l'*ikigaï*, peuvent vous accompagner dans ce chemin. Nous y reviendrons...

> **« Laissez-vous silencieusement attirer par la force étrange de ce que vous aimez vraiment. Elle ne pourra vous égarer. »**
>
> – Rumi

Entre le cœur et la raison : l'art de l'équilibre

Bien évidemment un changement de vie suppose un temps de réflexion, d'analyse et de préparation. Il n'est pas question de faire n'importe quoi, d'improviser des changements majeurs ou de prendre des décisions sur un coup de tête. Il est essentiel de faire appel à sa « tête », siège de la raison, pour penser ce potentiel changement de vie et l'organiser.

Toutefois, un changement de vie réussi fera difficilement l'économie d'une plongée dans notre intériorité pour questionner nos besoins, nos envies, nos aspirations profondes. Il s'agit là de sonder notre cœur et notre corps au travers des sensations qu'ils pourront exprimer.

Dans le taoïsme, philosophie chinoise, on parle de « yin » et de « yang » : deux forces opposées, liées entre elles et complémentaires. Le yin et le yang sont présents partout dans l'univers, ils représentent la dualité qui existe en toute chose, dans la nature, mais aussi en nous-mêmes. Ainsi, le yin fait référence à la Lune et représente la part féminine que l'on retrouve dans la nature et en chacun de nous au travers de l'intuition, de la sensibilité, de l'affection, du relationnel, de la créativité... Le yang, quant à lui, fait référence au Soleil et à la part de masculin présente dans la nature et en nous-mêmes au travers de l'action, du rationnel, de l'organisation, des décisions... Vous l'aurez compris, nous avons en chacun de nous une part de masculin et de féminin, du yin et du yang, dosés différemment chez chacun. Le yin et le yang sont complémentaires et permettent, en les équilibrant, de trouver l'harmonie.

C'est en faisant appel tant à notre part rationnelle qu'à notre intuition que nous parviendrons à définir le projet qui est le nôtre. C'est en sollicitant notre yin et notre yang que nous pourrons faire les « bons choix », c'est-à-dire ceux qui nous permettent d'être en osmose avec nous-mêmes. Ainsi nous parviendrons à élaborer un business plan, mais aussi à accepter l'inévitable dose d'incertitude que suppose une nouvelle activité. Il s'agit d'utiliser toutes nos capacités intellectuelles pour sécuriser tout ce qui peut l'être dans notre projet, puis d'oser « se jeter à l'eau », car il y a souvent une part de folie dans les projets de changements. Toutefois, le sentiment d'alignement avec nous-mêmes, avec notre intériorité, conférera authenticité et force à nos choix et actions à venir.

Dans vingt ans...

Se rappeler que notre existence a une fin, que notre temps pour réaliser nos rêves est compté et se projeter dans vingt ans peut également nous aider à définir les contours de notre vie à venir. Nous pouvons nous demander « Quelle est la vie que je voudrais avoir dans vingt ans ? » ou bien « Quelle femme/quel homme voudrais-je être dans vingt ans ? ». « Quelles sont les choses de la vie que je voudrais être fier de célébrer sur mon lit de mort ? » Ces questions peuvent nous apporter des éléments de réponse pour visualiser les choses qui sont importantes pour nous, leur faire une place dans notre vie et définir les étapes qui nous conduiront à cet objectif. Cela permet de se rendre compte que nous pouvons commencer dès maintenant certains des projets qui nous tiennent à cœur. Pourquoi attendre quand on peut se donner les moyens de commencer dès aujourd'hui ce que l'on a vraiment envie de faire ?

> **« Dans vingt ans, tu regretteras davantage les choses que tu n'as pas faites que celles que tu as faites. Alors, largue les amarres et sors du port, attrape les alizés dans tes voiles, explore, rêve, découvre. »**
>
> – Mark Twain

Parfois, cela supposera de revoir ses priorités, son organisation, de faire de la place dans sa vie, mais souvenons-nous que l'on peut commencer « petit » en réalisant de petites actions qui, les unes après les autres, nous permettront de mener à bien un grand projet…

Évitons de poursuivre toute notre vie un rêve que l'on ne concrétisera pas, et qui est de ce fait voué à rester à l'état de rêve. Dans ce cas, sans doute faut-il prendre le temps d'un choix : décider de se mettre en mouvement pour réaliser son rêve ou alors changer de rêve pour avancer avec un projet que l'on se sent prêt à réaliser maintenant.

S'ouvrir aux possibles

Se donner la chance de réaliser un changement de vie ou de mettre en œuvre des changements dans sa vie suppose parfois de modifier sa posture, son regard sur les événements qui nous arrivent. En effet, nous avons tout intérêt à « activer nos antennes », ouvrir grand nos yeux et nos oreilles pour saisir ce que la vie a à nous offrir. Et curieusement, quand on développe cette attitude, on a souvent l'impression que des portes s'ouvrent, que l'on rencontre les bonnes personnes aux bons moments… C'est ce que certains appellent la « loi de l'attraction ». Le postulat de cette loi universelle est que tout est énergie et que l'énergie que nous donnons nous reviendra d'une manière ou d'une autre. Autrement dit, nous attirons l'énergie que nous dégageons. Ce principe crée un lien entre nos pensées et nos actions d'une part et notre réalité d'autre part : ce qui nous arrive est en lien avec nos pensées et/ou nos actions. Ainsi nous pouvons influencer notre réalité en développant une attitude positive et une ouverture aux possibles.

> **« Quand on veut une chose, tout l'univers conspire à nous permettre de réaliser notre rêve. »**
>
> – Paolo Coelho

Introspection et récréation

Pour savoir si nous avons réellement envie et besoin de réaliser un changement, et définir le changement de vie qui sera le nôtre, la phase d'introspection est essentielle. Et cela peut prendre du temps, nécessiter l'utilisation de certains outils (voir chapitre suivant), voire demander l'accompagnement d'un professionnel. Toutefois, il est important aussi, pour qu'introspection ne rime pas avec obsession, de s'aérer la tête et le corps. Des activités comme la marche en nature ou la danse sont parfois un véritable cadeau pour confronter nos idées ou favoriser la créativité. Cela permet d'éviter la prise de tête et donne l'occasion à notre cœur de s'exprimer et à notre corps de ressentir nos idées...

❷ Comment valider mon projet ?

Après une période d'introspection plus ou moins longue, une idée de projet a peut-être germé dans votre tête. Que faire maintenant ? Peut-être ressentez-vous l'envie de « foncer », de passer à l'action ? Ou au contraire peut-être vous demandez-vous comment prendre soin de cette idée, la faire grandir sans la brusquer, car c'est encore tout frais et fragile...

Dans les deux cas, il est important à cette étape d'agir sans se précipiter. Voici les jalons qui vous permettront de valider votre projet, c'est-à-dire de vous assurer qu'il tient la route et vous correspond, que c'est bien dans celui-ci que vous allez investir votre énergie dans les prochains mois, les prochaines années.

Parler de son projet

Et si vous commenciez par parler de votre projet ? Il ne s'agit pas de prendre la parole dans les médias, mais simplement de mettre votre idée en mots et de la partager, avec un nombre restreint de personnes sans doute au début. Choisissez des personnes en qui vous avez confiance et qui *a priori* croient en vous et ont l'habitude d'être sincères.

L'objectif de cet exercice est double : d'une part vous allez commencer à donner vie à votre projet, l'exposer à autrui et voir comment il résonne chez l'autre. La réaction de votre interlocuteur sera un véritable cadeau par les commentaires qu'il vous offrira : son enthousiasme par rapport à votre idée, ses craintes éventuelles, ses questions... seront autant de points à prendre en compte car, si cette personne est effectivement authentique et bienveillante à votre égard, elle s'exprimera par rapport à ce qu'elle connaît de vous et dans votre intérêt.

L'autre bénéfice de cet exercice est de voir comment ce projet résonne en vous quand vous en parlez. Vous sentez-vous rempli de vie et de joie ? Est-ce au contraire la peur qui domine ? Sentez-vous des zones d'ombre quand vous mettez votre projet en mots ? Je vous invite à être à l'écoute de tout ce que vous percevrez en vous à ce moment-là et à le noter, car ces réactions seront également riches d'apprentissage pour vous. Soyez attentif tant à votre discours qu'à la manière dont votre corps s'exprime. En effet, la façon dont vous habitez votre projet se ressentira dans vos paroles tout comme dans votre langage corporel. Si parler de votre projet vous met en joie, si vous le faites avec fluidité, conviction et authenticité, c'est que vous vous exprimez non pas seulement avec votre tête, mais aussi avec votre cœur... et votre corps suivra. C'est ainsi que vous aurez peut-être de la part de vos interlocuteurs des retours tels que : « Quand tu parlais, j'avais presque l'impression que tu dansais. » C'est ce qu'une personne m'a dit quand j'ai parlé du livre que je commençais à peine à écrire ! Si, au contraire, vos idées autour de votre projet ne sont pas claires et que vous ne le ressentez pas suffisamment, votre parole en sera impactée et ne sera pas animée de la même énergie. Peut-être votre projet n'est-il pas assez mûr ? Peut-être y a-t-il des zones d'ombre à éclaircir ? Peut-être n'est-ce pas le bon projet pour vous ? Ou pas le bon moment ? Dans ce cas, sans doute devrez-vous prendre le temps de reconsidérer votre projet pour « sentir » si c'est bien dans cette voie que vous allez vous réaliser, pour identifier les volets qui doivent être approfondis ou ajustés. En effet, si vous n'avez pas su convaincre sur certains points, ou si vous avez vous-même senti un décalage en vous entendant en parler, c'est peut-être que vous n'êtes pas assez convaincu vous-même, pas encore assez habité par votre projet ou par l'approche.

« Vis ma vie »

Après avoir parlé de votre projet auprès de quelques personnes choisies, une autre action pour le valider peut être de vous offrir une immersion dans le métier ou l'environnement professionnel visé. L'expérience « Vis ma vie » permet, pendant une journée ou une semaine, de vivre la vie d'un professionnel du secteur qui vous intéresse pour appréhender son activité sur le terrain, prendre conscience de son quotidien, vous y projeter et pouvoir poser à cette personne toutes les questions qui vous préoccupent. N'hésitez pas à questionner votre interlocuteur sur les horaires de travail, la rémunération, les différents secteurs dans lesquels il est possible d'exercer, les volets peut-être moins plaisants du métier pour lui ou encore la conciliation entre vie professionnelle et vie personnelle. Au terme de cette expérience, vous pourrez confirmer, en connaissance de cause, que oui, c'est bien dans cette activité que vous souhaitez vous lancer. Ou au contraire que vous allez passer votre chemin et poursuivre votre réflexion, car ce que vous avez découvert ne correspondait pas à ce à quoi vous vous attendiez, et que finalement vous ne vous projetez pas dans ce métier. Dans tous les cas, l'expérience sera positive puisqu'elle vous aura permis d'avancer…

Stéphanie, Charles et Christine ont vécu cette expérience qui leur a permis de conforter leur projet :

« J'ai toujours aimé les activités manuelles. À la fin du bilan de compétences que j'ai réalisé, trois pistes se sont dessinées, mais une est ressortie plus que les autres : la tapisserie en ameublement. Alors je suis allée voir un tapissier qui exerçait dans mon village. J'ai passé un peu de temps avec lui pour découvrir le métier et travailler à ses côtés. Cette expérience m'a confirmé que c'était dans cette voie que je souhaitais m'investir. Tout en continuant à passer du temps avec lui, j'ai déposé un dossier pour reprendre une formation en alternance. J'ai eu la joie d'être sélectionnée ! Et je vais faire mon alternance chez ce tapissier. »

« Quand notre idée de reprendre des chambres d'hôtes et un gîte se confirmait dans notre tête à tous les deux, nous sommes allés passer un week-end chez un jeune couple avec trois enfants qui tenait des chambres d'hôtes dans notre région. Nous avons pu échanger avec eux, leur poser des questions et voir sur le terrain comment ça se passait réellement. On se demandait notamment comment nous allions pouvoir gérer ce métier et nos enfants en bas âge. Cette rencontre a été déterminante pour apaiser nos craintes, nous montrer que c'était possible et nous conforter dans notre idée... »

Business plan

Si votre projet suppose le lancement d'une nouvelle activité et un changement de statut, le business plan est incontournable pour valider sa viabilité économique. L'enjeu sera évidemment différent si vous souhaitez vivre de cette activité ou si vous n'en attendez qu'un complément de revenus. Dans tous les cas, l'exercice est nécessaire pour estimer les dépenses et les revenus prévisionnels et vous aider à valider votre projet. Nous reviendrons plus en détail sur le business plan dans le chapitre 4 de la partie IV pour vous accompagner vers un changement de vie réussi.

❸ Comment mettre en œuvre mon projet ?

L'indispensable feuille de route

Ça y est ! Après la phase d'introspection et l'étape de la validation, il est temps de mettre en œuvre votre projet ! Selon son ampleur, ses enjeux et l'impact sur les autres secteurs de votre vie, cette étape peut donner le vertige...

Un élément essentiel pour vous accompagner avec succès dans la mise en œuvre de votre projet est d'élaborer votre « feuille de route ».

En tête de cette feuille de route, il est intéressant de mentionner l'objectif final et le délai dans lequel il devrait être réalisé. Vous pourrez ensuite subdiviser cet objectif en objectifs et délais intermédiaires : ce seront les jalons de votre projet. Pour que ce document remplisse sa vocation, il est important de veiller à ce qu'il vous donne une vue d'ensemble tout en vous permettant une gestion opérationnelle. Ainsi, les objectifs seront déclinés en actions, elles-mêmes déclinées en tâches très précises avec les échéances associées. À titre d'exemple, une réunion et la date de celle-ci pourront apparaître avec, en amont, une tâche préalable : l'organisation de cette réunion.

Selon l'ampleur du projet, votre feuille de route pourra prendre différentes formes. Si votre projet est assez simple, vous pourrez en faire un plan très visuel, sous forme de schéma, où toutes les informations tiendront sur une feuille ou une affiche. Si votre projet est plus complexe, peut-être aurez-vous besoin de l'organiser dans un fichier Excel, voire avec l'aide d'un logiciel de gestion de projets.

S'il s'agit d'un gros projet avec de multiples dimensions, votre feuille de route ne se suffira peut-être pas à elle-même, mais devra être accompagnée d'autres supports qui vous aideront dans la gestion de votre projet, comme un calendrier détaillé ou un document vous permettant la gestion financière de votre projet, en lien avec votre business plan.

Si vous menez votre projet seul, votre feuille de route ne vous servira qu'à vous, en tant que chef d'orchestre, pour coordonner les différents acteurs. Par contre, si vous êtes entouré d'une équipe, il sera essentiel de partager votre feuille de route régulièrement avec elle pour suivre l'avancement du projet.

La feuille de route indique le point de départ du projet, son point d'arrivée et toutes les étapes pour passer de l'un à l'autre. Vous pourrez à tout moment vous y référer si vous ne savez plus où vous en êtes. Elle vous rappellera le cap que vous vous êtes fixé et l'état d'avancement. Elle vous permettra d'avoir une vision des étapes et actions à venir, mais aussi des actions déjà réalisées. Et il est bon par moments de regarder au-dessus de son épaule et de mesurer le chemin parcouru !

Formations, lectures, rencontres : le cocktail curiosité...

Si votre projet concerne une reconversion, une formation est peut-être nécessaire. Elle pourra d'ailleurs apparaître sur votre feuille de route avec, si votre emploi du temps le permet, d'autres actions qui se dérouleront en parallèle.

Si votre projet ne nécessite pas une formation longue, peut-être aurez-vous besoin de vous intéresser à certains sujets, de développer certaines compétences par des formations de courte durée, en présentiel ou en distanciel.

Il est intéressant de garder en mémoire que chaque salarié français dispose d'un compte personnel de formation (CPF) qui lui permet, tout au long de son parcours professionnel, de comptabiliser des heures qui lui serviront à financer des formations pour développer des compétences ou servir un projet de reconversion. Les formations doivent être choisies dans un catalogue de formations éligibles au CPF.

Parfois, appréhender un sujet par des vidéos ou des podcasts suffira. La lecture de livres ou de revues en lien avec votre projet vous permettront également de vous documenter.

Votre curiosité pourra aussi être nourrie par des témoignages et/ou des rencontres avec des personnes ayant une longueur d'avance sur vous dans un projet similaire ou des acteurs dans des domaines connexes à celui auquel vous vous intéressez.

C'est à vous !

Après avoir lu ce chapitre « Les étapes pour aborder le changement de vie », et en fonction de l'étape à laquelle vous êtes, je vous propose de prendre le temps de répondre aux questions suivantes dans votre carnet.

Si vous êtes plutôt au début de votre réflexion :

- Voulez-vous « changer de vie »... vraiment ? Ou plutôt « changer certaines choses dans votre vie » ?
- Qu'est-ce qui ne vous convient pas/plus actuellement dans votre vie ? Et pourquoi ?
- Y a-t-il éventuellement des choses que vous souhaitez fuir ? Si oui, pourquoi souhaitez-vous les fuir ?
- Au-delà de ce que vous souhaitez éventuellement fuir, identifiez-vous des besoins/envies que vous aimeriez satisfaire ? Si oui, quels sont ces besoins/envies ?
- Essayez de répondre à la question du « Pour quoi » (quel est l'objectif que vous cherchez à atteindre) et du « Pourquoi » (pour quelle raison, quel sens) ?
- Listez – si vous le pouvez – les idées de changements qui vous traversent l'esprit, sans vous censurer... Vous pourrez compléter cette liste au fur et à mesure de votre lecture.
- Complétez la phrase « Dans vingt ans, j'aimerais :
  – être...
  – avoir réalisé...
- Y a-t-il quelque chose que vous pouvez faire dès à présent pour vous rapprocher d'un des objectifs listés ?

Si vous avez déjà un projet qui a émergé :

- Avez-vous déjà parlé de votre projet avec des personnes de votre entourage ? Si non (ou si vous avez été déçu de la réaction des personnes à qui vous avez confié votre idée), essayez de nommer deux ou trois personnes-ressources avec qui vous pourriez partager votre projet. Soyez attentif à leurs réactions, mais aussi aux vôtres ! Notez-les, soyez curieux de les comprendre.
- Comment pourriez-vous organiser un « Vis ma vie » qui vous permettrait de vous conforter – ou non – dans votre projet ?

Si votre projet se confirme :

- Prenez le temps d'élaborer votre feuille de route.
- Quel sera votre « cocktail curiosité » (formations, lectures, rencontres) qui vous permettra de nourrir votre projet ?

Chapitre 2

Les outils pour accompagner le changement de vie

•

Le bilan de compétences

Le bilan de compétences s'adresse à toute personne qui se questionne sur sa situation et son avenir professionnel parce qu'un équilibre a été ébranlé (licenciement...), qu'un questionnement sur la suite de la vie professionnelle s'est manifesté ou qu'une réorientation est envisagée.

Le bilan de compétences permet, comme son nom l'indique, de faire un « bilan de ses compétences », professionnelles et personnelles, de les analyser, mais aussi d'identifier ses motivations et ses aspirations pour définir un projet professionnel qui s'inscrit dans un projet de vie.

Il s'agit de faire le point sur sa carrière, en prenant le temps de regarder son parcours dans le rétroviseur, avant de dessiner les contours et la direction d'un avenir professionnel qui nous convient.

Un bilan de compétences dure en général vingt-quatre heures, réparties sur plusieurs semaines. Il se réalise avec l'accompagnement d'un(e) consultant(e) formé(e) et se compose de trois phases définies dans le Code du travail. La première étape consiste à analyser votre besoin avant de définir les modalités et le format qui permettront d'y répondre. Démarre ensuite une phase d'investigation. Il s'agit de faire le point sur votre carrière, de relire votre parcours professionnel et d'ainsi prendre conscience de l'expérience et des compétences acquises. Des questionnaires de personnalité et de motivation peuvent vous être proposés pour vous aider à mieux vous connaître et mieux cerner vos aspirations et sources de motivation. Vous pouvez ensuite explorer différentes voies possibles et vous renseigner pour creuser chacune des pistes envisagées par des recherches documentaires et des rencontres. Il s'agit aussi d'identifier les compétences nécessaires pour chacun des projets professionnels envisagés. La troisième et dernière étape, la phase de conclusion, permet de vous approprier les résultats issus de la phase précédente et de vous projeter dans chacune des pistes évoquées en identifiant les conditions, les moyens et les étapes nécessaires à la réalisation des projets professionnels considérés.

Il existe une variante méconnue du bilan de compétences : le conseil en évolution professionnelle (CEP). Il s'agit d'une prestation gratuite, proposée par différentes structures[11]. Elle permet, elle aussi, de faire le point sur sa situation professionnelle et de bénéficier de conseils pour mettre en œuvre un changement d'orientation ou une reconversion. Moins long que le bilan de compétences traditionnel, ce dispositif suffit parfois pour voir clair dans son projet.

11. Ainsi les cadres en activité d'emploi se tourneront vers l'APEC, les demandeurs d'emploi vers France Travail, les salariés non-cadres et les travailleurs indépendants vers Avenirs Actifs, les jeunes de moins de 26 ans vers le réseau des missions locales, les personnes en situation de handicap vers Cap Emploi...

Le coaching

On parle beaucoup de coaching et ce métier a le vent en poupe. On trouve sur le marché des coachs pour chacun des domaines de notre existence (santé, sport, vie professionnelle, déco...). Si vous êtes en plein questionnement sur un changement de vie, un coach pourra vous aider. Il sera essentiel de sentir que « le courant passe bien », que vous êtes en confiance pour partager avec votre interlocuteur vos questions, vos doutes, vos idées, vos projets. Comme les coachs ont souvent des spécialités, il sera important de vous assurer, lors du premier échange, que votre interlocuteur peut vous apporter son support et son éclairage au stade où vous en êtes. Le rôle du coach n'est pas de vous apporter sur un plateau des vérités que vous découvririez comme des révélations, mais bien de vous guider pour trouver des réponses qui sont en vous. Il peut être intéressant de vous renseigner pour identifier un ou plusieurs interlocuteurs qui seront formés correctement et auront l'expérience et l'approche qui conviendront à votre personnalité et votre situation.

Peut-être avez-vous besoin de faire le point sur votre situation professionnelle. Peut-être êtes-vous dans une réflexion du « stop ou encore » : est-ce que je poursuis dans la voie dans laquelle je suis aujourd'hui ou est-ce que je change de métier ou tout simplement de poste ? Si vous vous reconnaissez dans ces questions, sans doute un coach pourra-t-il vous être utile pour voir plus clair en vous aidant à comprendre ce qui vous a mené là où vous êtes aujourd'hui, à identifier ce qui vous convient et ne vous convient plus dans votre contexte du moment, à prendre conscience de vos envies, de vos besoins, voire de vos rêves, pour définir les contours d'une vie professionnelle dans laquelle vous pourrez mettre en œuvre une partie des compétences acquises dans votre parcours, mais qui supposera d'en acquérir de nouvelles, parfois par le biais d'une formation. Peut-être cette « nouvelle vie » vous permettra-t-elle d'utiliser certains de vos talents. À l'issue de ce type de coaching, vous serez « boosté » par cette vision neuve que vous aurez de votre vie à venir. Vous pourrez alors aborder avec une confiance et une énergie retrouvées la phase de mise en œuvre de cette nouvelle étape de votre parcours.

Il se peut aussi que vous ayez déjà une idée dans un coin de votre tête, que votre objectif soit clairement identifié, mais que vous ayez besoin d'être accompagné dans la réalisation de cet objectif. En effet, vous avez pris conscience que les freins étaient nombreux et que, sans le support d'un professionnel, vous n'alliez pas vous lancer dans cette reconversion ou cette création d'entreprise dont vous savez pourtant qu'elle pourrait vous apporter plus de joie et d'épanouissement ! Là aussi un coach pourra vous guider pour dépasser les blocages qui vous empêchent de faire le grand saut et identifier avec vous les jalons de votre projet.

Le coach que vous aurez choisi pourra également vous aider à considérer votre parcours, votre situation du moment et votre avenir de manière globale, c'est-à-dire en prenant en considération vos besoins, vos envies et vos contraintes pour définir, au-delà d'un simple projet professionnel, un projet de vie dans lequel vous pourrez trouver l'équilibre entre vie professionnelle et vie personnelle.

Selon leurs formations, leurs sensibilités et ce qu'ils estimeront utile dans votre situation, les coachs pourront avoir recours à différents outils et techniques. Bien sûr les échanges reposent souvent sur une écoute active et des questions bien choisies, mais ils pourront aussi être alimentés par des exercices de réflexion vous amenant à un questionnement plus profond et plus intime sur vos valeurs et ce qui vous anime. Certains coachs ont recours à des techniques corporelles pour faire ressentir les envies et les besoins. D'autres pourront faire appel à des activités créatives pour donner l'occasion à des aspirations de s'exprimer.

Il existe aussi des coachings de groupe qui peuvent être intéressants pour écouter les histoires des autres, entendre leurs problématiques qui peuvent être différentes ou similaires aux vôtres. Au sein d'un groupe, chacun peut bénéficier de l'effet miroir des autres participants, de leurs idées et de leurs réflexions, tout en ayant l'occasion de partager son regard sur les situations et projets des autres. Le coach en charge de l'animation de ces groupes favorise le sens de l'écoute, la confiance, la bienveillance et le partage. La dynamique de groupe permet de se sentir moins seul dans ses difficultés et de bénéficier de l'enthousiasme et de l'énergie des autres. Chacun voit ainsi ses ressources enrichies de celles des autres membres du groupe.

La thérapie

Parfois un bilan de compétences ou même un coaching ne seront pas suffisants. Il est alors nécessaire de regarder plus profondément en soi. Une thérapie peut alors représenter l'accompagnement adéquat. Il est essentiel de se renseigner sur les différents types de thérapies qui existent pour choisir celle dont l'approche vous conviendra le mieux. Au-delà de la formation et de l'expérience des thérapeutes que vous pourrez contacter, il vous faudra veiller à vous sentir en totale confiance. Si possible, tournez-vous de préférence vers une personne que l'on vous aura recommandée, au sujet de laquelle vous aurez entendu un témoignage positif. La démarche commence toujours par une première rencontre qui permet de confirmer, de part et d'autre, qu'une thérapie peut démarrer ou non dans de bonnes conditions.

La relation thérapeutique permet de s'accorder un espace-temps où la part la plus intime de vous-même pourra s'exprimer dans un cadre où l'écoute, la confiance et la confidentialité vous seront assurées. Elle permettra éventuellement de prendre conscience de certains comportements ou mécanismes mis en place depuis l'enfance, de mettre en lumière certains blocages ou blessures qui peuvent être sources de souffrance et qui ont un impact – inconscient parfois – dans notre quotidien. Cet accompagnement permet dans certains cas d'aborder des blessures profondes, des accidents de la vie douloureux. Le thérapeute guide la personne concernée dans ce travail sur elle-même en respectant son rythme et en étant attentif à ce qui émerge dans les échanges. Ainsi la thérapie peut permettre de prendre conscience de certains modes de fonctionnement et de leur origine, de certaines pensées limitantes qui nous empêchent peut-être d'aller là où nous voudrions. La thérapie peut jouer un rôle dans la transformation intérieure d'un individu, transformation préalable à des décisions supposant des changements extérieurs. Et quand l'envie de changement de vie nous titille, c'est parfois par là qu'il faut commencer sous peine d'être dans l'illusion et d'entreprendre un changement qui ne sera qu'extérieur et avec lequel nous ne serons pas alignés.

Fanny s'est inscrite dans cette démarche et nous raconte ce que cela a changé en elle :

« À un moment, j'ai fait le choix d'un accompagnement thérapeutique. Plus je me dirigeais vers une meilleure connaissance de moi, plus j'avais l'impression de me rapprocher de moi-même. Et plus je changeais intérieurement, plus cela s'est vu à l'extérieur aussi. Si tu changes de vie, sans changer intérieurement, ça ne marche pas, car nos vieux modes de fonctionnement nous rattrapent. »

L'*ikigaï*

J'avais très envie d'évoquer dans ce livre le concept de l'*ikigaï*. Pourquoi ? Parce qu'il représente à mes yeux une piste de réflexion intéressante quand on se questionne sur un éventuel changement de vie. J'ai été séduite par cette approche à la fois simple et puissante qui peut s'ancrer dans notre quotidien et nous accompagner tout au long de notre vie.

D'où vient l'*ikigaï* ?

Ikigaï est un terme japonais qui n'a pas vraiment d'équivalent en français, mais que l'on pourrait traduire par « joie de vivre » ou « ce qui a du sens », « *iki* » voulant dire « vivre » et « *gaï* » signifiant « sens, valoir la peine ». Cet art de vivre nous vient du Japon. On en trouve les premières traces au XIIe siècle dans une île de l'archipel d'Okinawa qui porte le même nom, au sud-ouest du Japon. Cette île est connue pour compter parmi ses habitants un taux exceptionnel de centenaires qui s'explique notamment par des habitudes de vie saines : les habitants d'Okinawa veillent à pratiquer régulièrement de l'exercice physique et mangent essentiellement du poisson, des fruits et des légumes frais. Ils pratiquent aussi un art de vivre qui leur apporte bonheur et sens, deux ingrédients qui contribuent assurément à leur longévité ! Ainsi, santé physique, santé psychique et sens sont intimement liés…

Pourquoi s'intéresser à l'*ikigaï* ?

La quête de sens occupe une place prépondérante dans la vie de la plupart des individus. Nous nous demandons tous à un moment de notre existence pourquoi nous sommes sur terre ou pour quoi on se lève le matin. Et il nous est parfois difficile de répondre à ces questions. Or cette philosophie de vie japonaise peut nous apporter des éléments de réponse et nous aider à trouver plus de sens dans notre vie quotidienne. « Chercher son *ikigaï* » constitue également une quête qui peut nous amener, une fois que nous l'aurons identifié, à mettre en œuvre des changements qui nous permettront de vivre davantage selon notre *ikigaï* et donc de trouver plus de sens et de joie dans notre existence !

Que dit le concept de l'*ikigaï* ?

Cet art de vivre à la japonaise est arrivé en Occident sous la forme d'un concept bâti sur quatre dimensions :

- ce que nous aimons faire (plaisir) ;
- ce pour quoi nous sommes doués (compétences, talents) ;
- ce dont le monde a besoin ;
- ce pour quoi nous pouvons être payés.

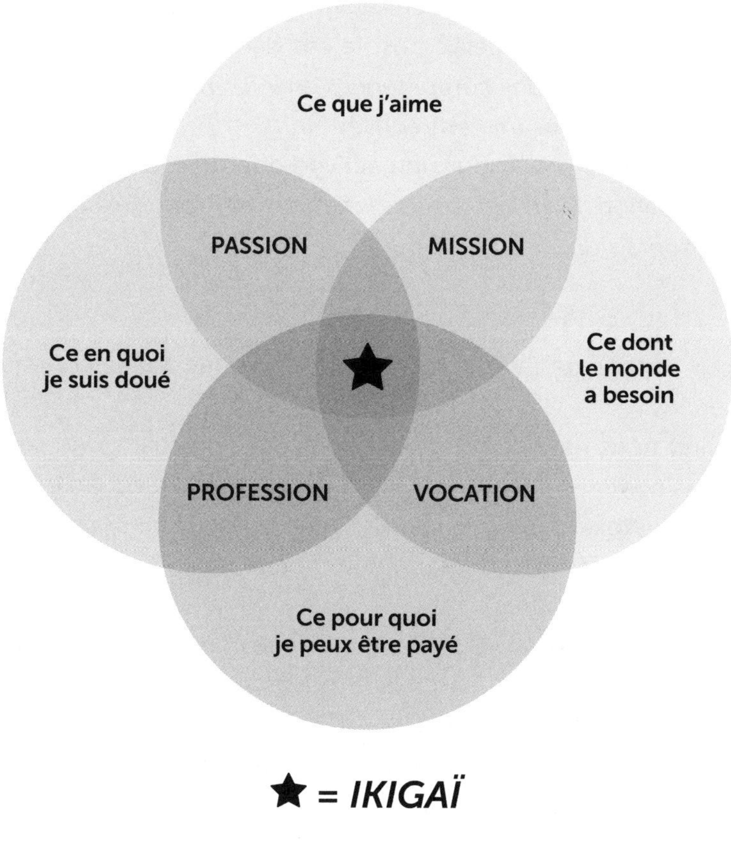

Quand nous pratiquons une activité que nous aimons et pour laquelle nous sommes doués, nous sommes certainement en train de vivre notre passion. *Exemple : j'aime le piano et je suis doué pour cet instrument.*

Quand nous faisons quelque chose que nous aimons faire et qui sert un besoin du monde, on peut parler de mission. *Exemple : j'aime la langue française et je suis bénévole dans une association proposant des cours d'alphabétisation à des adultes.*

Il arrive que nous mettions en œuvre nos compétences et que nous soyons rémunérés pour cela : c'est le cas dans le cadre de notre profession. *Exemple : j'ai des compétences en informatique et je suis développeur et salarié dans une entreprise.*

Quand je suis payé pour une activité dont le monde a besoin, on parle de vocation. *Exemple : je suis infirmière et j'apporte à mes patients les soins dont ils ont besoin.*

Nous venons de faire le tour de chacune des zones communes à deux cercles.

Quand nous réunissons les quatre dimensions dans une seule activité, nous sommes dans l'*ikigaï*, c'est-à-dire à l'intersection des quatre cercles. Nous exerçons une activité que nous aimons, pour laquelle nous avons des compétences, dont le monde a besoin et pour laquelle nous sommes rémunérés.

Exemple : depuis toute petite, Anne aime cultiver des légumes dans son potager et cuisiner à partir de produits frais : elle s'épanouit véritablement dans cette activité. Elle est par ailleurs extrêmement douée pour trouver des saveurs innovantes et les marier entre elles. Elle a ouvert un restaurant qui répond au besoin actuel des clients de se nourrir sainement et de découvrir des goûts nouveaux, à partir de produits locaux. Anne vit de cette activité. Elle sait pourquoi elle se lève le matin. Elle vit d'une passion qui sert un besoin du monde, tout en exploitant ses talents.

Si nous sommes dans l'intersection de trois des quatre cercles, il peut nous manquer quelque chose. L'objectif consiste alors à trouver la dimension qui nous manque pour vivre de manière plus épanouie. Si notre job consiste à exercer une activité que nous aimons et pour laquelle nous sommes doués, mais qui ne correspond pas, à nos yeux, à ce dont le monde a besoin, nous pouvons connaître un sentiment d'inutilité, un manque de sens.

Exemple : Vincent est salarié au sein du service Qualité d'une entreprise du secteur automobile. Vincent est extrêmement organisé et a le sens du détail, mais contrôler des véhicules thermiques ne lui convient plus car cela ne répond plus, selon lui, aux besoins actuels du monde.

On note que la vision du sens est subjective car elle est en lien avec nos valeurs personnelles. On aura compris également que l'*ikigaï* évolue avec nous dans le temps puisque quelque chose qui nous a convenu à un moment peut ne plus nous convenir quelques années plus tard. Dans le cas de Vincent, peut-être trouvera-t-il tout simplement son *ikigaï* en travaillant pour une entreprise qui conçoit des véhicules électriques ?

Comment utiliser l'*ikigaï* dans sa vie quotidienne ?

Comme nous l'avons mentionné plus haut, la recherche de l'*ikigaï* est une quête qui ne se fait pas en quelques heures sur le coin d'une table. Elle s'inscrit le plus souvent dans la durée et ne constitue pas forcément un exercice facile. Toutefois ce concept réunit à mon sens quatre questions qui sont au cœur de la réflexion d'une personne qui s'interroge sur un éventuel changement de vie ! Qui n'a pas rêvé de vivre de sa passion tout en répondant à un besoin du monde ? Il n'est bien sûr pas évident pour chacun, à tout moment, de réunir les quatre dimensions dans une seule activité. Quand une dimension nous manque, on peut lui faire de la place dans un autre domaine de notre vie. Si, par exemple, on est payé pour exercer une activité pour laquelle on est compétent et qui a du sens, mais que nous n'aimons pas ce que nous faisons, on pourra essayer – pendant un temps – de trouver ailleurs l'activité-plaisir qui nous manque.

Il s'agit donc de trouver le meilleur équilibre possible entre les quatre dimensions à tout moment de notre vie. L'*ikigaï* est un processus, une quête permanente, plus qu'un objectif. L'*ikigaï* n'est donc jamais acquis à vie !

Cette philosophie provient, nous l'avons dit, d'une manière de vivre observée sur une île japonaise, mais que l'Occident a légèrement déformée en la conceptualisant et en se l'appropriant. Les choses ne sont pas aussi tranchées dans la vision japonaise. Ainsi, sur l'île d'Okinawa, on ne parle pas tellement de « travail ». Là-bas, on ne parle pas de ce pour quoi on est payé, mais de ce pour quoi on est valorisé. Il s'agit plus de reconnaissance que de rémunération. De même, on a tendance dans nos pays à comprendre « mission » dans une perspective professionnelle alors qu'au Japon il s'agit de faire quelque chose pour la communauté à laquelle on appartient. Ce retour à la philosophie originelle nous permettra parfois d'élargir notre réflexion, au-delà du cadre professionnel. Ceci dit, compte tenu de la place que prend le travail dans nos vies (on y passe environ 70 000 heures de notre existence), il est normal que l'on regarde notre activité professionnelle avec le prisme de l'*ikigaï* !

À chacun sa boîte à outils !

À côté du bilan de compétences, du coaching, de la thérapie, de l'*ikigaï*, il existe une multitude d'autres ressources auxquelles chacun pourra faire appel en fonction de son besoin, de sa sensibilité et de ce qu'il a envie de découvrir.

L'écriture

Fixer ses questions ou ses doutes par écrit, sous forme de mots, de phrases peut aider certains à éclaircir leurs idées. Lorsque nous couchons sur le papier nos expériences, nos perceptions, nos sensations, nous les rendons plus concrètes et cela nous aide à prendre du recul. Ainsi l'écriture de poèmes, d'un journal intime ou de textes libres sans forme particulière pourra accompagner certaines personnes dans leur réflexion. L'écriture peut se pratiquer de manière libre ou de manière encadrée. Il existe d'ailleurs des ateliers d'écriture, parfois coanimés par des psychologues et des spécialistes de l'écriture, pour aider les participants à faire émerger des choses de leur intimité.

Dessin, peinture, sculpture

D'autres personnes préféreront se tourner vers une activité artistique telle que le dessin, la peinture ou la sculpture. Ces disciplines permettent d'exprimer ses émotions et ses sentiments sans avoir recours à des mots. Peu importe que le résultat soit une œuvre d'art ou pas, là n'est pas la question. Il s'agit plutôt de laisser se révéler des images en impliquant le corps. Ainsi se manifesteront peut-être des expériences vécues ou des rêves pour l'avenir. Par le dessin, la peinture ou la sculpture, vous « mettrez en œuvre » votre pensée, vos émotions, votre imagination et votre corps. Ce peut être extrêmement libérateur, notamment quand on cherche à voir plus clair en soi pour éclairer son chemin de vie ! Comme l'écriture, ces activités peuvent se pratiquer de manière autonome ou accompagné d'un artiste qui enseigne et encadre la pratique de sa discipline, ou par un professionnel formé à l'art-thérapie.

Tableau de visualisation

Le tableau de visualisation permet de représenter visuellement votre avenir (vos aspirations, vos envies, vos rêves). Vous pouvez réaliser un tableau de visualisation « long terme » (pour les dix ou vingt années à venir), ou pour une année, ou encore pour une période plus courte (vos trois semaines de vacances d'été). Si vous faites un tableau de visualisation « long terme » et un autre pour une année, le second devra être une déclinaison du premier. On devra y retrouver quelques-uns des « premiers pas » vers vos objectifs long terme.

Concrètement, vous allez lister vos objectifs pour la période choisie (vingt ans, une année, un été) et les représenter visuellement par des photos découpées dans des journaux, des dessins que vous réaliserez, des images copiées-collées d'internet... Vous pourrez y ajouter des mots, des citations. Votre tableau de visualisation ne doit pas être une liste de tâches à accomplir, mais bien des choses que vous avez *envie* de réaliser. Si vous établissez un tableau de visualisation pour une année, veillez à ce que l'objectif que représentera votre image ou photo soit « mesurable ». Évidemment, le tableau de visualisation long terme sera moins précis, mais il donnera la direction, le cap que vous imaginez aujourd'hui pour votre vie.

Il s'agit d'une activité de réflexion, tout à la fois ludique et créative. Donnez-vous du temps et prenez-y du plaisir. Plus la période que vous avez choisie sera longue, plus il faudra prévoir du temps. On ne va pas définir aussi vite les objectifs pour vingt ans que ceux pour trois semaines ! L'idée est de rendre concrètes et visibles vos aspirations. N'hésitez pas à faire quelque chose de beau que vous aurez à cœur de mettre en évidence et que vous aurez plaisir à regarder puisqu'il vous rappellera où vous avez choisi d'aller...

Dans une période de réflexion sur un éventuel changement de vie, il peut vous aider à cibler les domaines de vie dans lesquels vous souhaitez apporter du changement.

Une pratique corporelle

Parmi les pratiques corporelles, on pense notamment au yoga, discipline ancienne qui trouve ses origines en Inde il y a des millénaires. En réalité, si le yoga repose sur des postures du corps, on ne peut le réduire à une pratique physique. Il s'agit véritablement d'une philosophie de vie. D'ailleurs les premiers textes l'évoquant établissent les fondations d'une pratique spirituelle et philosophique. Au fil des siècles, le yoga a évolué, faisant plus de place aux postures physiques, notamment lors de son arrivée en Occident. Il prend aujourd'hui différentes formes où chacun trouvera réponse à ses attentes : hatha yoga, kundalini yoga, vinyasa yoga... La combinaison de méditation et de postures a pour objectif d'atteindre un état de bien-être. Ainsi, le yoga pourra vous permettre de plonger en vous, de travailler conjointement votre corps et votre esprit, d'être à l'écoute de ce que l'un et l'autre ont à vous dire.

Si les séances se déroulent différemment selon le type de yoga choisi, il s'agit en général d'enchaîner diverses postures, de pouvoir les tenir un temps, tout en portant une attention particulière à sa respiration. L'effort physique est variable selon les types de yoga, tout comme la place de la méditation.

Les bénéfices du yoga sont désormais reconnus puisqu'il permet de gagner en régulation du rythme cardiaque et respiratoire, en souplesse, en concentration, en qualité du sommeil, en gestion du stress et de l'anxiété.

Faire de la place au yoga dans votre existence, le plus régulièrement possible, pourra vous aider, dans un quotidien tumultueux, à retrouver du calme, de la sérénité et de la douceur. De quoi peut-être aborder avec plus de confiance la réflexion sur un éventuel changement de vie parce que vous aurez retrouvé une harmonie entre le corps et l'esprit. D'autres disciplines impliquant le corps, comme la danse, peuvent aussi permettre de faire émerger des envies enfouies en vous.

La méditation

La méditation est également une pratique ancienne dans plusieurs civilisations, que ce soit en Orient ou en Occident, et les techniques sont nombreuses et diverses. Toutefois on observe, depuis une trentaine d'années, un intérêt plus important pour la méditation de pleine conscience, qui trouve son origine dans la tradition de méditation bouddhiste. À tel point que la science, et notamment les neurosciences, s'intéresse à cette pratique laïque et ses effets sur le corps et l'esprit. Il a été démontré que la méditation influence la manière de fonctionner de notre esprit.

La méditation suppose de s'arrêter, de faire une pause dans le rythme parfois effréné de notre quotidien, pour prendre le temps d'être pleinement là où nous sommes, dans l'instant présent, pour nous recentrer et ressentir en pleine conscience ce qui se passe à l'intérieur de nous et autour de nous.

Les séances de méditation de pleine conscience commencent souvent par une invitation à se concentrer sur sa respiration. L'attention peut ensuite se porter sur les sensations ressenties : il nous est proposé de les observer tout simplement et sans jugement. Il s'agit de prendre de la distance par rapport aux éléments perturbateurs internes (comme nos pensées) et externes (comme les bruits). On note qu'ils sont là, mais on ne les laisse pas affecter notre état de conscience.

Souvent la respiration devient peu à peu plus calme et plus profonde. On apaise ainsi le corps et par là même le rythme de nos pensées.

Si un effet bénéfique peut être ressenti à la fin d'une séance, un impact positif durable ne sera possible qu'avec une pratique régulière. Comme on s'entraîne par le sport pour que notre corps prenne de nouvelles habitudes, il faut « muscler » notre esprit pour qu'il adopte progressivement un nouveau fonctionnement. Avec une pratique régulière de la méditation, on observe chez les adeptes de cette discipline des impacts positifs sur leur santé physique et psychique : diminution du stress, meilleure qualité du sommeil, meilleure concentration, moins de dépression, diminution de la prise de poids... En se concentrant ainsi sur « l'ici et maintenant », on apprend à lâcher prise sur ce qui n'est pas dans notre sphère d'influence et l'on développe une capacité à prendre du recul et à aborder plus sereinement certaines situations. On porte sur son existence un regard différent, teinté de plus d'attention et de bienveillance. On développe un meilleur équilibre et une force intérieure. Plus centrés et davantage reliés à notre intériorité, nous abordons les choses avec plus de confiance. Cette transformation intérieure a souvent un impact sur la qualité de nos relations avec les autres : meilleure qualité de présence, sens de l'écoute, disponibilité et bienveillance.

Pour les personnes qui sont en réflexion sur un éventuel changement de vie, la pratique de la méditation de pleine conscience peut aider à se recentrer sur soi, à retrouver une attention et un calme intérieur peut-être perdus, un équilibre des émotions et une prise de hauteur qui seront précieux pour voir plus clair en soi, identifier – voire ressentir – ses priorités, et ainsi reprendre sa vie en main.

La sophrologie

La sophrologie est une méthode assez récente qui vise également l'harmonie au niveau du corps et de l'esprit. Elle a été mise au point à Madrid dans les années 1960 par un neuropsychiatre d'origine colombienne, Alfonso Caycedo, qui s'est inspiré de pratiques tant occidentales (comme l'hypnose ou la suggestion positive) qu'orientales (comme le yoga et la méditation). L'objectif premier d'Alfonso Caycedo était de permettre à ses patients d'améliorer leur qualité de vie en essayant d'atteindre l'état de « conscience sophronique », à savoir un état positif et serein, distinct tant de leur état pathologique que d'un état ordinaire. La méthode s'est ensuite émancipée du milieu médical pour s'étendre dans la société à tout type de profils recherchant un meilleur équilibre entre le corps, l'esprit et les émotions.

La sophrologie fait appel à des techniques de respiration, de relaxation et de visualisations positives. Guidé par la voix du sophrologue, le pratiquant arrive à un état de conscience et un niveau de vigilance modifiés, entre veille et sommeil. Ainsi, après des exercices de respiration et de relaxation, le sophrologue va proposer au pratiquant des exercices de visualisation : il s'agit dans le présent de se projeter dans une situation passée ou à venir, de l'observer, de la ressentir en mobilisant tous ses sens. Si la situation est vécue de manière positive lors de la visualisation, le cerveau va l'inscrire comme telle dans la mémoire du pratiquant et, quand la situation se (re)présentera vraiment, elle aura plus de chances d'être vécue positivement.

La sophrologie peut être recommandée pour remédier, parfois en complément de traitements médicaux, à certaines douleurs, à des addictions, des difficultés de sommeil ou de gestion du stress, pour accompagner la préparation à des événements spécifiques (accouchement, compétition sportive...) ou simplement pour favoriser une plus grande sérénité ou un meilleur bien-être.

Ainsi, la sophrologie peut être bénéfique aux personnes qui sont en réflexion sur la trajectoire à donner à leur existence, car elle va les aider à retrouver une certaine harmonie entre leur corps, leur esprit et leurs émotions. Apaisées, elles parviendront plus facilement à « ressentir » leurs besoins, leurs envies et donc à faire des choix en conscience.

Au cœur de la nature

Certains d'entre nous vivent en ville, parfois éloignés d'espaces verts, ou passent une grande partie de leur temps dans leur habitation ou dans un lieu de travail fermé (bureaux, commerces, industries…). La technologie prend de plus en plus de place et nous sommes de plus en plus connectés. Les moments dehors se font, eux, plus rares. Or nous avons besoin de passer du temps à l'extérieur, de bénéficier de moments en pleine nature. Richard Louv[12], auteur américain, parle même du « syndrome du manque de nature » pour évoquer cette absence de contact avec la nature d'un nombre de plus en plus important d'enfants (*Une enfance en liberté*) et d'adultes (*The Nature Principle*).

L'idée est en effet que le manque de contact avec la nature et avec le vivant a un impact négatif sur la santé physique et psychique. À l'inverse, en s'offrant des moments au cœur de la nature, on se reconnecte à la vie, à notre vie, et cela joue un rôle bénéfique sur notre corps et notre bien-être.

Tout comme une séance de méditation, se connecter à la nature peut nous permettre d'apaiser notre corps et notre esprit. Et si, d'ailleurs, une balade en nature était une forme de méditation ?

Les « bains de nature » peuvent prendre la forme d'une marche en forêt, d'une balade sur des chemins de campagne, le long d'un cours d'eau, ou dans un parc, selon les lieux de vie, les possibilités et le temps de chacun. Il n'est pas question ici de performance sportive, mais bien de connexion à la nature.

---

12. Richard Louv, *Une enfance en liberté (Last Child in the Woods)*, Leduc éditions, 2020 et *The Nature Principle*, Algonquin, 2011.

Ces moments peuvent nous permettre, par une marche à un rythme lent ou modéré, d'apaiser notre corps et de calmer notre mental. Il m'arrive régulièrement de faire une pause dans une journée de travail en allant marcher autour de chez moi ne fût-ce qu'une demi-heure. Je suis toujours surprise de constater comme le rythme de mes pas se ralentit au fur et à mesure que j'observe la nature autour de moi (la couleur du ciel, la lumière...), que j'écoute les bruits environnants (le bruissement du vent dans les arbres, le cours d'une rivière, le chant des oiseaux...). Et avec mes pas qui ralentissent, ce sont mes pensées qui se calment également. De retour face à mes activités professionnelles, je les aborde avec un regard rafraîchi de cet instant connecté à la nature.

Un moment passé au cœur de la nature peut également nous aider à voir plus clair dans nos pensées et nos idées. On peut aller y chercher cet éclaircissement. Pendant toute la durée de ce projet de livre, il m'est arrivé à plusieurs reprises de m'offrir une balade, seule avec mon projet. C'est au cours d'une après-midi de marche que m'est apparue la structure de ce livre ! Je suis convaincue qu'en se connectant à la nature, on fait le vide dans une partie de sa tête et on libère ainsi de l'espace pour autre chose : de la créativité notamment, ce qui explique que certaines idées géniales nous arrivent parfois en marchant en forêt ou en bord de mer par exemple !

Brainstorming entre amis

Il arrive que, durant des soirées ou week-ends avec de bons amis, les conversations glissent de sujets superficiels vers des sujets plus personnels, plus profonds. Ces moments sont parfois propices au partage de nos doutes ou de nos idées, même si elles sont encore à l'état embryonnaire. C'est une opportunité d'exposer nos idées ou nos projets, de les tester, parfois, dans un cadre sécurisé et bienveillant. Ce peut être l'occasion de partager aussi nos envies de changement de vie ou tout simplement un rêve, plus ou moins grand, pour les mois ou années à venir de notre existence. Je me souviens d'une soirée chez de très bons amis, il y a quelques années, où nous avions fait un tour de table où chacun répondait à la question : « Quel est ton rêve ? » Je me rappelle avoir répondu que j'aimerais beaucoup écrire un livre. L'idée me semblait alors vraiment relever du rêve, tout comme leur idée d'ouvrir des chambres d'hôtes ! Sauf que, depuis, ce couple d'amis a ouvert des chambres d'hôtes, et je suis en train d'écrire mon livre ! J'ai pour ma part souvent repensé à cette soirée en me disant : « Tu as exprimé ce rêve devant tes amis. Comment vas-tu faire maintenant pour le réaliser ? »

Au-delà de simplement exprimer ses rêves, la soirée peut prendre la forme d'un brainstorming où les projets de chacun vont être soumis à ce collectif amical. Vous pouvez exprimer votre projet là où il en est, avec la vision que vous en avez, vos idées et vos questionnements, et les confronter à ces personnes qui vous connaissent bien, qui savent vos forces, mais aussi vos faiblesses. Ils pourront vous encourager en vous rappelant vos atouts pour ce type de projet, en puisant des exemples dans votre histoire commune pour illustrer leurs propos. Ils pourront aussi attirer votre attention sur des failles dans votre projet ou des axes qui ne correspondent peut-être pas, selon eux, à votre personnalité.

Ces conversations ne sont pas possibles dans toutes les soirées entre amis. Chacun sait les groupes dans lesquels ces échanges pourront avoir lieu. Certaines réflexions vous boosteront peut-être, d'autres pourront vous démotiver (un temps) ou mettre en lumière des aspects que vous n'aviez pas pris en compte. Les réactions des personnes présentes doivent être accueillies pour ce qu'elles sont : des réactions d'amis qui vous connaissent de par votre histoire commune. Cet exercice n'est qu'un outil parmi d'autres et peut être combiné avec d'autres ressources...

Programmes de développement personnel

Le développement personnel a le vent en poupe depuis quelques années et l'on voit et l'on entend ce terme un peu partout, que ce soit dans les librairies, les émissions de radio, les podcasts... Dans toute l'offre proposée aujourd'hui, il existe des livres ou des programmes de développement personnel qui peuvent vous être précieux dans une réflexion sur vous-même et sur la manière dont vous voulez mener votre vie. S'ils sont bien choisis et correspondent à vos besoins du moment, ces lectures et programmes peuvent vous aider à clarifier vos envies, vos valeurs, vos priorités, les comportements ou projets sur lesquels vous souhaitez porter votre attention, l'orientation que vous désirez donner à votre existence... Un grand nombre de programmes de développement personnel sont aujourd'hui disponibles, que ce soit en ligne ou en présentiel, avec des formats individuels, collectifs ou mixtes. Si vous le pouvez, renseignez-vous pour recueillir des témoignages de personnes ayant suivi tel ou tel programme avant vous et ainsi mettre le plus de chances de votre côté de choisir un animateur et un contenu qui vous conviennent.

C'est à vous !

Je vous propose une petite pause pour explorer les outils qui pourraient vous aider et vous accompagner dans votre réflexion, ainsi que dans l'élaboration et la réalisation de votre projet.

Explorez l'*ikigaï* :

Prenez une feuille et listez :

- les activités que vous aimez pratiquer : celles qui vous apportent du plaisir, que ce soit dans la sphère professionnelle ou personnelle. Vous pouvez notamment faire le tour de vos loisirs et activités liés à la famille ;
- les activités dans lesquelles vous êtes doué : celles pour lesquelles vous disposez de compétences reconnues. On dit de vous que vous êtes bon, voire très bon dans ces activités. On peut parler de « talent » quand il s'agit d'activités que vous réalisez avec beaucoup plus de facilité et d'aisance que d'autres personnes de votre entourage ;
- les activités pour lesquelles vous pouvez bénéficier de reconnaissance, voire d'une rémunération ;
- les activités dont le monde a besoin selon vous : vous pouvez voir grand... ou petit. Il peut s'agir de choses simples, mais dont l'impact est important pour une catégorie de personnes. C'est l'effet papillon !

Ensuite repérez les activités qui sont à l'intersection de deux catégories. Vous aurez ainsi identifié les activités qui relèvent pour vous d'une passion, d'une mission, d'une vocation ou d'une profession.

Si vous avez identifié une activité à l'intersection de trois dimensions, vous avez une piste sérieuse d'*ikigaï*. Il ne vous restera plus qu'à travailler la dimension manquante.

Et si vous avez placé une activité à l'intersection des quatre dimensions, alors il ne vous restera plus qu'à passer à la mise en œuvre !

Surtout ne vous découragez pas car la quête de l'*ikigaï* est un chemin qui peut être long... Essayez de trouver du sens et du plaisir dans la quête elle-même !

Si vous souhaitez aller plus loin, n'hésitez pas à lire un ouvrage dédié à l'*ikigaï* (par exemple, Trouver son *ikigaï*. Vivre de ce qui nous passionne de Christie Vanbremeersch ou Le Livre de l'*ikigaï* de Bettina Lemke, voir bibliographie en fin d'ouvrage), ou encore à suivre un atelier au cours duquel un animateur pourra vous accompagner sur le chemin de votre *ikigaï*...

Construisez votre propre boîte à outils :

Essayez d'identifier une ou deux activités de la boîte à outils que vous pourriez mettre en place dans votre quotidien pour vous accompagner dans votre réflexion.

Partie IV

Les 12 facteurs de succès pour un changement de vie réussi

Dans cette quatrième partie, j'ai rassemblé l'ensemble des points qui me sont apparus, au travers des entretiens que j'ai menés, comme des clés de succès pour réaliser votre changement de vie. Ce sont des éléments qui m'ont semblé extrêmement précieux pour vous permettre de mener à bien votre cheminement vers une transformation réussie de votre vie. J'en ai dénombré 12 et vous les expose ici...

Chapitre 1

Écouter sa boussole intérieure

Il est essentiel de faire des choix en harmonie avec qui l'on est fondamentalement. Si cela semble facile pour certains, l'exercice est loin d'être simple pour d'autres. En effet, pour une partie des personnes que j'ai interrogées, les choix se sont toujours faits de manière naturelle et fluide tout au long de leurs parcours. Pour d'autres qui sont en questionnement, chaque décision vire au casse-tête et semble finalement se perdre dans un no-man's land intérieur... D'autres encore vont rester loin d'eux-mêmes toute leur vie.

Par ailleurs, certains individus savent exactement où ils veulent aller. Ils ont défini un cap et les actions qu'ils mènent sont tournées vers cet objectif. Pour d'autres, en revanche, le chemin n'est pas forcément tracé d'avance avec précision, et nombreuses sont les décisions qui se prennent « chemin faisant », en fonction de leur envie du moment ou de leur réaction par rapport à ce qui se présente à eux. C'est ainsi que les seconds voient parfois la cohérence de leur parcours après coup, quand ils regardent dans le rétroviseur et que le fil rouge apparaît. Les deux approches se valent, elles dépendent du tempérament des individus, mais supposent toutes les deux d'être capables de sonder son cœur, d'être à l'écoute de ses sensations et de ses émotions. C'est ainsi que l'on met le plus de chances de son côté de réussir, d'éviter de se tromper. « Réussir » signifiant faire les choix qui nous correspondent, qui sont en adéquation avec qui nous sommes vraiment.

Plus facile à dire qu'à faire, j'en conviens. L'idée est de nous remettre au centre de nos décisions et de ne pas tomber dans l'écueil de se laisser influencer, notamment par la réussite des autres... qui n'est pas la nôtre ! À force de regarder avec envie l'existence d'autres personnes autour de nous, parfois exceptionnelle à nos yeux, on peut être tenté de rechercher une vie hors du commun, d'en faire un objectif et d'ainsi passer à côté de *notre* vie. Le mirage résidant dans le fait que ces personnes qui, à nos yeux, réussissent n'ont pas la même histoire, la même sensibilité, les mêmes envies, la même nature que nous... Si le parcours des autres peut parfois nous donner des idées et vivifier nos envies, il faut veiller à ce que ces personnes restent des sources d'inspiration et ne nous empêchent pas de faire ce qui est juste pour nous.

Dans ces moments de réflexion sur un éventuel changement de vie, il est important de développer notre intuition et de ne pas laisser toute la place au mental. Si la réflexion, l'analyse, l'organisation, l'anticipation et l'évaluation des risques sont évidemment essentielles dans ces moments-là, ces compétences ne doivent pas être les seules aux commandes de nos choix. Il s'agit de se (re)connecter avec nos sensations et nos émotions qui seront les guides vers ce qui nous met réellement en joie. Suivons l'invitation de Christine Lewicki qui nous propose d'« écouter ce qui résonne en [nous], plutôt que de [nous] laisser dominer par ce qui est raisonnable[13] ».

---

13. Christine Lewicki, *Wake Up ! Quatre principes fondamentaux pour arrêter de vivre sa vie à moitié endormi*, Eyrolles, 2014, p. 66.

L'intention est d'explorer notre intériorité, d'écouter nos envies et nos besoins, de tendre l'oreille vers la petite voix intérieure que l'on a peut-être trop souvent laissée en sourdine dans le passé. Il s'agit d'équilibrer le yin et le yang en nous, le yin faisant référence à notre part féminine, à l'intuition, la créativité, la spontanéité, et le yang faisant référence à notre part de masculin avec la logique, l'efficacité, la structure. C'est le cœur et la tête. Ce sont les sensations et le mental. Et bien évidemment nous avons besoin des deux ! Nous avons d'ailleurs une part de yin et une part de yang en chacun de nous dans des proportions variables selon les individus. Toutefois, dans notre société actuelle, industrielle et dominée par le patriarcat, nous avons accordé beaucoup de place à la raison, au mental, à la performance. L'idée est donc de créer de l'espace pour nos sensations et notre cœur, qui ont toute leur place dans nos prises de décisions. Comme me l'a fait remarquer une personne interviewée, quand notre cerveau s'arrête, on parle de « mort cérébrale », mais on n'est pas vraiment mort. Quand le cœur s'arrête, là, on est vraiment mort. Ainsi, ne laissons pas le mental prendre le dessus alors que c'est le cœur qui peut nous conduire à ce qu'il y a de vivant en nous.

Notre corps nous parle, notre cœur aussi. Ce sont les sensations et les émotions ressenties qui en sont les messagers. Plusieurs personnes que j'ai rencontrées m'ont d'ailleurs raconté la confirmation physique qu'elles avaient reçue quand elles avaient pris une décision ou fait un choix relatif à leur changement de vie. Ce peut être un calme qui s'installe, ou au contraire une joie et une énergie qui éclatent. Au point que, parfois, les personnes en viennent à se dire que ce ne sont pas elles qui ont pris la décision, que le choix s'est imposé à elles par un ressenti dans leur corps ou leur cœur. Raison de plus pour ne pas opposer cœur et raison. Et si finalement notre intuition avait une dimension rationnelle dans le sens où c'est elle qui a raison ?

Nous voyons combien il est essentiel de relier notre tête et notre cœur, notamment quand il est question de prendre des décisions, de laisser notre cœur prendre les commandes pour nous donner le cap et nous indiquer le chemin à suivre. C'est d'autant plus important que cela nous permettra de faire des choix avec une plus grande détermination, ce qui sera précieux dans les périodes tumultueuses, quand nous rencontrerons des difficultés ou que nous connaîtrons le doute ou le découragement. Le cap, choisi avec le cœur, demeurera, même dans la tempête. On pourra s'y référer, se remémorer le noyau de notre motivation, et c'est cela qui crée notre stabilité, le fait que nous soyons inarrêtables. Et si nous avons besoin de nous poser, de nous abriter pour réajuster notre cap, notre intuition agira comme une ancre et nous aidera alors à conserver notre équilibre.

Quand nous faisons des choix qui sont en accord avec qui nous sommes vraiment, cela crée en nous une harmonie qui rayonne à l'extérieur de nous. Françoise et Nathalie nous font part de leur expérience de ce moment décisif :

« Quand j'ai pris la décision de quitter l'environnement professionnel que je connaissais depuis des années, mais qui ne me convenait plus, j'ai senti une détente s'installer en moi. Je me souviens très bien de ce moment... J'étais dans l'avion. Je regardais les nuages et je me suis alors dit : « C'est possible. » Je ne savais pas exactement comment la suite allait se dérouler. Je me suis dit que je devais quitter ce qui ne me convenait pas, ce qui tuait l'élan vital en moi. Je ne ressentais plus de joie. C'était comme une évidence. Prendre la décision m'a déjà apporté de la joie de vivre. J'ai senti que c'était non discutable. C'est le cœur qui doit nous guider, pas seulement la raison. Moi, c'est la cohérence interne qui m'anime et me structure. Je reviens sans cesse à ma boussole. Tout vient de ma cohérence intérieure. Et dans les prises de décisions, mon premier moteur est sensoriel et émotionnel, et non pas mental. Il faut se connecter à son corps, à ses émotions et à sa joie ! C'est ce qui m'a permis de me révéler à moi-même et de me rapprocher de mes valeurs. »

« Ce fut une révélation. J'ai senti dans mes tripes que ça vibrait. Je sentais le feu de la vie en moi. Il fallait que j'en fasse quelque chose. C'était un ressenti physique. Ce n'est pas moi qui ai pris la décision, c'est la pulsion de la vie. Il y avait quelque chose de vital. Ce n'est pas le mental qui a décidé. Il s'agit de prendre le temps, de se laisser sentir, prendre le temps de réaliser si je fuis quelque chose ou s'il y a quelque chose de plus profond. Il faut honorer la vie, se demander dans quelle décision on sera le plus proche de nous-mêmes. Moi, je me suis demandé si j'allais plus m'aimer en tant que « femme qui a peur » ou en tant que « femme qui ose »... J'ai choisi d'oser. Il faut en permanence entretenir la flamme et aller au plus près de ce qui est juste pour soi. La connexion à la nature, et donc à l'essentiel, m'a personnellement beaucoup aidée. »

« Il n'y a pas de vent favorable pour celui qui ne connaît pas son port de destination. »

– Sénèque

« La porte du changement ne peut s'ouvrir que de l'intérieur. »

– Jacques Salomé

Chapitre 2

Prendre le temps

•

Les rayons des librairies et les pages internet regorgent de livres et de vidéos nous faisant miroiter des changements de vie en un temps record. Promesse d'un changement réussi en un éclair ! Soyons réalistes, rares sont les changements de vie qui se réalisent en sept ou même en vingt et un jours ! Même si certains changements sont fulgurants, dans la plupart des cas un temps de préparation est nécessaire. Un changement de vie, c'est un peu comme un grand voyage : ça se prépare. Il est important de s'accorder du temps, de laisser mûrir les choses et de ne pas prendre de décisions importantes sur un coup de tête ou sur des bases négatives. Souvent, des personnes ayant l'idée ou l'envie d'un changement veulent que tout aille très vite. Or le temps est un allié dans ce type de réflexion.

Il est important de prendre le temps de conceptualiser son idée, d'en dessiner les contours, plus ou moins précis, d'imaginer les étapes de son projet, les difficultés. C'est un peu comme quand on construit une maison : on établit les plans avant de déposer les matériaux de construction sur le terrain et de commencer à monter les murs ! Cette préparation théorique peut prendre du temps. Il faut faire preuve de patience et de confiance et accepter de laisser « mijoter » les idées qui vous viennent au fil du temps : le résultat n'en sera que meilleur !

Souvent un changement suppose des étapes. Il est intéressant de les imaginer, de définir quels seront les jalons de votre projet. Cela permet de se projeter, d'anticiper.

Le temps que vous accorderez à cette réflexion vous permettra aussi de vous assurer que c'est bien le bon moment pour mettre en œuvre ce projet. Il n'y a pas de bon calendrier en soi, mais il est essentiel de ressentir que la période est juste pour vous : que vous avez effectivement l'énergie pour vous lancer. Et pour cela, rien de tel que de vous connecter à votre intériorité pour ressentir vos envies et vos besoins, comme vu dans le chapitre précédent. Parfois il faut pouvoir renoncer temporairement, car ce n'est pas le moment opportun. Il s'agit alors de faire preuve de sagesse, de rester ouvert aux possibles. Plus tard, les planètes s'aligneront et ce sera le bon moment pour vous !

Tout changement est un processus qui commence en réalité bien avant sa mise en œuvre, et la phase de préparation, de réflexion que nous venons d'évoquer en fait partie et est essentielle. Elle permet de sécuriser un maximum d'aspects du projet avant de passer à l'action. Car une fois la phase de préparation menée à son terme, il faut oser se lancer, avec un brin de folie tout de même, car tout changement suppose une part de risques... Une capacité à faire face à l'imprévu est également nécessaire car, même quand on a soigné toute la phase de préparation, on rencontre inévitablement des aléas, des contretemps, des complications.

Charles et Christine ont pris ce temps nécessaire pour bien préparer leur projet :

« Notre changement de vie a démarré bien avant le passage à l'acte. Nous nous sommes appuyés sur l'expérience de chef de projet de Charles pour aborder notre idée comme un projet. Nous avons passé de nombreuses soirées pendant plusieurs mois à discuter ensemble de la forme que prendrait notre idée. Nous l'avons ensuite théorisée. Nous avons mené une étude de marché et étudié notamment les risques et les contraintes. Il faut sécuriser un maximum de choses et ensuite il faut oser se jeter à l'eau et faire face aux imprévus car il y en a toujours, même quand on pense avoir tout bien ficelé. Pour nous, l'aspect auquel nous ne nous étions pas assez préparés était celui de travailler sur notre lieu de vie. »

Il est intéressant aussi de prendre le temps de veiller, autant que possible, à retrouver toutes les composantes essentielles à son épanouissement dans une nouvelle activité professionnelle, sous peine de réaliser un peu tard qu'il nous manque quelque chose d'important. Ainsi, une personne peut se rendre compte après avoir créé son entreprise que le salariat lui convenait mieux car le système de l'entreprise la portait. Une autre pourrait prendre conscience tardivement, après s'être lancée dans l'artisanat, que la dimension intellectuelle lui manque cruellement… Si, dans certains cas, un ajustement ou un retour en arrière est envisageable, ce n'est pas toujours possible et, même quand ça l'est, les personnes y laissent parfois des plumes et peuvent le vivre comme un échec. Alors accordons-nous ce temps de réflexion, c'est un bon investissement pour la suite !

> **« Si tu es pressé, progresse lentement. Si tu es encore plus pressé, fais un détour. »**
> – Proverbe japonais

Chapitre 3

Une bonne dose de soutien

Quand on mûrit un projet de changement de vie, plus ou moins grand, il est important d'aller chercher du soutien, mais... du *bon soutien*, c'est-à-dire celui de personnes qui croient en nous, qui sont désintéressées et sauront être présentes dans les inévitables moments de découragement que nous allons rencontrer.

Ainsi, des personnes trouvent du soutien auprès de leurs proches : conjoint, parents, enfants, amis. Parmi les personnes que j'ai rencontrées, certaines ont pu compter sur le soutien inconditionnel de leur conjoint, qui a su voir l'épanouissement que le projet pourrait apporter à l'autre, même s'il allait bousculer quelque peu l'organisation familiale ou la gestion des finances du foyer. À l'inverse, d'autres ont pu se sentir seuls avec leur projet devant un conjoint très préoccupé de la sécurité matérielle par exemple. Certains ont pu s'appuyer sur le soutien de leurs parents, même si ces derniers avaient quelques inquiétudes, alors que d'autres n'ont même pas osé parler de leur idée à leur père et/ou leur mère.

En effet, les réactions de l'entourage, proche ou moins proche, peuvent être extrêmement variées et parfois imprévisibles. Si certains vont exprimer de la joie et de l'admiration ou saluer votre courage quand vous allez leur exposer votre projet, d'autres vont manifester de l'incompréhension et considérer par exemple que c'est de la pure folie de quitter une situation stable dans une entreprise solide qui apporte une véritable sécurité. Parmi ceux qui diront leur enthousiasme et leur curiosité, certains le feront par procuration, car ils auront l'impression de vivre leur rêve à travers vous... D'autres vont peut-être se réfugier derrière une certaine indifférence qui peut masquer de la jalousie, car votre décision de vous mettre en mouvement les renvoie à leur immobilisme et à un projet plus ou moins vague ou enfoui qu'ils caressent depuis longtemps du coin de l'œil sans jamais avoir vraiment osé se lancer. D'autres encore vont, à l'annonce de votre projet, voir ressurgir toutes leurs peurs – peur de ne pas y arriver par exemple – qu'ils peuvent être tentés de projeter sur vous.

C'est la raison pour laquelle certains font le choix – salutaire parfois – de garder leur idée et leurs premières démarches secrètes, le temps de laisser mûrir leur projet, car on est vraiment fragile quand on se lance. Le fait de garder son idée pour soi pendant un temps s'apparente pour certains à une forme de « retraite intérieure » : il s'agit de se mettre volontairement à l'écart, de s'accorder une pause pour mieux définir les contours de notre plan, mais aussi parfois ceux d'un nouveau « moi »... comme une chenille qui va devenir papillon ! Cette période permet alors de renforcer notre propre confiance en nous et en notre projet pour être en mesure, le moment venu, de le partager avec les autres, tout en sachant que tout le monde ne comprendra pas. Mais si nous avons pu nous aligner avec nos intentions et couver notre projet le temps qu'il fallait, nous serons en mesure de nous confronter au monde en étant moins affectés par des réactions potentiellement déstabilisantes.

Il est donc fondamental d'aller chercher du soutien là où l'on sait que l'on va en trouver. Il s'agit d'identifier des personnes qui vont soutenir cet élan de vie qui s'exprime en nous. C'est ce que l'on appelle « l'effet Pygmalion » qui veut que la performance d'un individu soit améliorée par le niveau de croyance en sa réussite que d'autres manifestent. Ainsi, si les autres croient en nous, cela va booster notre confiance en nous et augmenter nos chances d'atteindre le résultat que nous visons. J'aimerais ajouter que, s'il est essentiel de choisir des personnes qui vont exprimer de l'enthousiasme et du soutien par rapport à notre projet, il est aussi précieux de choisir des personnes qui vont nous challenger avec bienveillance, nous procurer un effet miroir qui va nourrir notre réflexion.

Et si on ne le trouve pas auprès de sa famille ou d'amis, cela peut valoir le coup de se faire accompagner par un coach ou un psychothérapeute car, en restant seul sur un chemin de transformation, on peut se laisser envahir par ses peurs et laisser s'éteindre la flamme en nous.

Si Orianne a pu exprimer à ses parents que leur soutien, fondé sur des peurs, ne lui convenait pas, Laurent a pu bénéficier de celui, indéfectible, de sa femme :

« Quelques mois après être rentrée du Canada, quand je m'apprêtais à quitter le monde industriel dans lequel j'avais développé avec succès mon expérience professionnelle jusque-là, mes parents avaient peur pour moi. À un moment, je leur ai dit : "Merci de m'avoir permis d'acquérir un bon diplôme, de m'avoir structurée, mais maintenant j'ai 40 ans et il faut me faire confiance plutôt que d'avoir peur pour moi." »

« Mon épouse Sandrine m'a énormément soutenu, tout au long de mon projet, que ce soit pendant les années de formation ou au moment de la création de ma société. Il fallait déjà assumer financièrement cette reconversion : les coûts de la formation, les déplacements qu'elle supposait et le fait que j'avais réduit mon temps de travail pour mener à bien cette formation. Et puis j'étais beaucoup moins présent à la maison et Sandrine a assuré. C'est elle encore qui était présente à mes côtés quand j'étais découragé et prêt à abandonner. Elle m'a dit que je devais continuer, « rester dans le bateau », mais travailler moins. Dès le lendemain, je négociais avec mon employeur de réduire encore un peu mon temps de travail car je ne voulais pas les lâcher, mais pas non plus lâcher mon projet de formation.

En dehors de Sandrine, je n'ai pas eu tant de soutien que cela. Ça a plutôt été la déception côté pro... des personnes avec qui je travaillais avant et avec qui j'aurais bien voulu retravailler ne m'accordaient plus leur confiance de manière aussi évidente parce que j'étais à mon compte. Or, pour moi, je travaille avec des personnes, pas avec des structures. Et quand j'ai reçu du soutien, ce n'était pas toujours des personnes de qui je l'attendais.

Mon plus gros soutien après mon épouse, ça a été les copains de promo : le soutien psychologique du groupe était énorme, car il y avait toujours un membre du groupe pour soutenir celui qui était découragé ou qui n'avait pas d'idée pour un travail à rendre... »

> **« Entourez-vous uniquement des personnes qui vont vous tirer vers le haut. »**
> – Oprah Winfrey

> **« Impose ta chance, serre ton bonheur et va vers ton risque. À te regarder, ils s'habitueront. »**
> – René Char

Chapitre 4

Un business plan solide et agile

Il nous est tous arrivé de nous imaginer tout plaquer et lancer notre activité ! Certes, créer son entreprise et être son propre patron permet de se délivrer de certaines contraintes du salariat, mais cela suppose aussi des responsabilités nouvelles et surtout une excellente préparation. Il s'agit donc de savoir où vous mettez les pieds et comment vous comptez faire vivre votre activité.

On ne fera pas l'impasse d'un business plan solide. Celui-ci vous permettra de formaliser dans un document la vision que vous avez de l'activité que vous envisagez de démarrer.

Ainsi, vous décrirez dans votre business plan le contexte du moment de cette activité. Il s'agit de planter le décor : dans quel environnement s'inscrirait-elle ? Comment peut-on décrire le marché actuel ?

Il est intéressant d'expliquer pourquoi vous lancez cette activité. Quels sont les besoins que vous avez identifiés ? Quelle est votre cible en termes de clients ?

Vous parlerez également des moyens que vous allez mettre en œuvre pour mener à bien votre projet. Vous lancez-vous seul ou vous entourez-vous d'une ou de plusieurs personnes ? Quelle est votre stratégie marketing ? Comment allez-vous faire connaître votre activité ?

Les aspects financiers sont bien entendu à prendre en compte : quel revenu visez-vous ? Quelles sont vos réserves éventuelles si ces attentes ne peuvent être satisfaites dès le début ? Quels sont vos besoins financiers pour lancer votre projet ? Un peu comme quand on souhaite acheter un logement, il faut faire le point sur ses ressources personnelles (quel est mon apport ?) et l'aide dont on aura besoin (montant d'un emprunt ?). Et puis le plan d'évolution de votre activité : quels sont les revenus auxquels vous vous attendez ? À quel rythme ? Dans quel délai allez-vous couvrir les investissements que vous avez réalisés et dégager un bénéfice de votre activité ? Si vous proposez une activité de service, il faudra définir la valeur de votre travail, ce qui n'est pas toujours un exercice facile, surtout chez les femmes, qui ont parfois tendance à sous-estimer la valeur d'une activité qui leur apporte satisfaction et plaisir.

Des experts-comptables ou des spécialistes en business plans sont disponibles pour vous guider dans cette étape. Dans certaines entreprises, des structures accompagnent même les salariés quand ils envisagent la suite de leur projet professionnel hors de la société avec une création d'entreprise. Le support de ces spécialistes avertis est essentiel pour vous, pour vous assurer du bien-fondé économique de votre projet. Il est également précieux pour aller à la rencontre des partenaires que vous allez solliciter (banques...) et que vous allez devoir convaincre de croire en vous et d'investir dans votre projet.

Peut-être avez-vous l'intention de lancer une activité en parallèle de votre emploi principal en tant que salarié. Cela peut être une bonne idée pour faire de la place à une activité qui vous tient à cœur sans sacrifier la sécurité du salariat. Peut-être même, dans ce cas, n'avez-vous pas d'objectifs de rentabilité. Toutefois, un business plan vous sera utile pour vous assurer que vous allez dégager le chiffre d'affaires escompté ou tout au moins que votre activité ne vous coûtera pas, même si elle ne vous rapporte rien ou peu. Ce peut être aussi une première étape qui vous permet de vous assurer qu'exercer cette activité vous plaît et que celle-ci est rentable avant de vous y consacrer entièrement.

Sandrine nous explique l'importance du business plan :

« Le business plan a été essentiel pour avoir un dossier béton avant d'aller rencontrer les banquiers. J'ai pris cet exercice au sérieux et je me suis fait bien accompagner. Mener des études de marché est un investissement réel et nécessaire avant de lancer son activité. Dans mon cas, j'ai organisé des dégustations gratuites avec, en parallèle, un petit questionnaire à remplir pour connaître les goûts de mes futurs consommateurs (chocolat noir/chocolat au lait...). Et par la même occasion, je me suis déjà fait connaître... »

Chapitre 5

Choisir le bon statut

Si vous envisagez de changer de statut, il convient avant tout de bien vous renseigner. On peut avoir tendance à être séduit uniquement par les avantages d'un statut et en négliger les inconvénients. Ainsi, un salarié ne verra dans l'entrepreneuriat que la liberté des horaires et l'autonomie dans l'organisation de son travail, mais pas l'incertitude du business, la charge de travail plus ou moins forte, l'incertitude des rentrées financières... À l'inverse, un entrepreneur qui veut intégrer une entreprise peut être attiré par la sécurité des revenus mensuels et les différents avantages, sans prendre en compte la nécessité d'être dans les bureaux de l'entreprise, au moins certains jours de la semaine, de respecter des horaires de travail, de ne pas toujours choisir les dossiers sur lesquels il travaille... Attention au mirage d'un statut que l'on connaît moins bien !

Quand on est issu d'une famille d'entrepreneurs, il y aura moins de surprises et cette culture familiale facilitera la manière dont on va appréhender les choses. À l'inverse, l'héritage familial peut également constituer un frein pour une personne dont les parents ou les grands-parents se sont épuisés à gérer une affaire familiale et considèrent le salariat comme le Graal pour leurs enfants et leurs petits-enfants. Le chemin peut alors être plus complexe, car on peut avoir l'impression d'être « l'ingrat de service qui ne connaît pas sa chance ».

Parmi les personnes que j'ai rencontrées, plusieurs salariés devenus entrepreneurs témoignent de la nécessité de réaliser un véritable travail sur soi pour faire face aux bouleversements qu'implique ce changement de statut. Quand on est à son compte, on peut être confronté à une certaine solitude. C'est fini de commencer sa journée de travail en prenant le café avec ses collègues de bureau. Fini aussi l'insouciance qui consiste à seulement remplir les missions que notre employeur nous confie. Il s'agit d'aller chercher son business, ce qui constitue une préoccupation permanente pour certains créateurs d'entreprise. Il y a des solutions à ces problématiques, mais mieux vaut en avoir conscience avant de se lancer pour s'assurer que l'on a des pistes pour les gérer. Pour remédier à la solitude, un entrepreneur peut par exemple nouer de nouvelles relations, entretenir davantage son réseau ou rejoindre un espace de coworking pour une partie de son temps de travail.

Fanny et Laurent témoignent des difficultés de l'entrepreneuriat :

« Le chemin vers l'entrepreneuriat demande un vrai travail sur soi. Il faut se lester de beaucoup de choses qu'on a connues avant dans l'entreprise. Pour moi qui aspirais à plus de présence auprès de mes enfants, cela passait par travailler moins, mais mieux. Cela supposait aussi d'accepter de gagner moins et donc d'avoir un confort de vie moindre. Et puis il faut toujours avoir une longueur d'avance pour assurer son business dans les trois à six mois qui viennent et cela génère une charge mentale que je n'avais pas avant. Pour ne pas connaître la solitude et l'isolement, j'ai créé des relations avec d'autres entrepreneurs de ma région ou qui sont dans le même domaine d'activité que moi pour peut-être créer des opportunités de business ensemble ! »

« Il faut accepter de vivre avec une certaine incertitude financière quand on crée sa boîte. C'est bien d'avoir un peu de réserves pour faire face aux périodes "maigres". Il faut être prêt à constamment chercher son business, à aller à la rencontre de clients potentiels, à répondre à des cahiers des charges pour des affaires qu'on ne va peut-être pas remporter. Là j'ai du boulot pour les huit mois qui viennent. Après je ne sais pas… mais c'est toujours comme ça dans le milieu des architectes. Il y a des périodes où l'on sème, puis vient le temps de la récolte, mais il y a toujours un temps de latence de six mois entre les deux. »

Chapitre 6

Un accompagnement adéquat

Bien s'entourer

Comme nous l'avons déjà vu, il est précieux de s'entourer des bonnes personnes quand on lance son activité, qu'il s'agisse de banquiers, de comptables, de juristes ou d'experts en business plans. Bénéficier du bon accompagnement, cela peut aussi vouloir dire oser investir en soi par de la formation ou du coaching pour bien lancer son business ou veiller à ce qu'il ne s'essouffle pas avec le temps. Être bien entouré suppose parfois de déléguer certaines tâches à d'autres personnes contre rémunération quand on n'a pas la compétence ou que d'autres réaliseront ces tâches bien mieux et bien plus vite que nous ! Et pourquoi ne pas rejoindre, en amont de la création de sa propre structure, une couveuse d'entreprises qui propose un dispositif d'accompagnement à des porteurs de projets ? Ces structures offrent la possibilité de tester son activité, d'apprendre à devenir chef d'entreprise, de développer son réseau professionnel, tout en bénéficiant d'un cadre sécurisé et de services comme un hébergement juridique ou du coaching :

une opportunité exceptionnelle de couver son activité avant de voler de ses propres ailes !

Au cœur des cercles et des réseaux

Au-delà du soutien des proches et de l'accompagnement de professionnels, il peut être très bénéfique, si votre projet consiste à vous lancer dans une nouvelle activité, de rechercher le support de personnes du métier. En fonction de votre domaine, il y a sans doute des « *places to be* », des cercles ou réseaux à intégrer pour tisser des liens avec des personnes qui pourront vous apporter un partage d'expérience, des conseils pour démarrer, du soutien quand vous rencontrerez des doutes ou questionnements. Il existe notamment des réseaux locaux de créateurs d'entreprises où l'on trouve bienveillance et solidarité. Peut-être pouvez-vous trouver aussi des événements auxquels il serait intéressant que vous participiez pour recueillir des informations, des conseils, et même peut-être commencer à vous faire connaître.

Sandrine a su profiter de toutes ces opportunités :

« Alors que je n'étais encore qu'au début de ma formation, nous sommes allés avec mon école au Salon de la restauration à Lyon et j'ai profité de cette occasion pour déjà commencer à négocier avec les fournisseurs de machines. J'ai intégré des réseaux d'entreprises aussi : on sent qu'on fait partie d'une famille d'entrepreneurs sur un territoire. On peut partager des informations d'actualité de la région, s'entraider aussi, construire des liens de collaboration professionnelle en fonction de nos activités également. Je me suis sentie très soutenue aussi par le bouche-à-oreille, les radios et journaux locaux, le réseau de mon ancien employeur, des concours, salons et marchés... qui m'ont apporté leur confiance et une certaine notoriété sans un gros budget communication finalement. »

Un mentor

Quand on se lance dans un chemin de transformation, il est bon d'avoir des sources d'inspiration. On pourra en trouver dans des lectures, des émissions et des podcasts, mais aussi au travers de rencontres. Il peut être très inspirant d'identifier des personnes qui pourront être des références pour vous : quand vous les regardez et que vous voyez leurs réalisations, cela vous donne des idées et de la confiance en vous. Vous vous dites que si elles y sont arrivées, vous pourrez réussir aussi. Cet impact positif sera renforcé si vous pouvez organiser des rencontres ou des échanges réguliers ou occasionnels avec une personne qui représente un modèle pour vous, car elle pourra jouer le rôle de votre mentor.

Chapitre 7

L'audace

Et si, en osant davantage, on osait plus encore ? Avez-vous déjà remarqué comme le fait d'avoir osé faire une tâche que vous redoutiez d'accomplir vous donne un peu plus d'audace pour vous lancer dans une autre action qui vous demande de vous dépasser un peu ? Souvent ce type d'expérience nous place dans une dynamique positive et nous procure de la joie et de la satisfaction. Ainsi l'audace se cultive. Nous devons l'entraîner, la développer, telle un muscle.

C'est ce que nous expliquent Pierre Portevin et Daniel Kerrigan dans leur livre *Osez... Ça change tout !* : « Lorsque nous "osons oser", quelque chose d'inédit se déclenche en nous et autour de nous, qui favorise notre réussite, notre accomplissement[14]. » Si nous acceptons d'oser plus souvent, nous allons par là même rendre possibles des choses qui ne l'étaient pas et ainsi influencer des situations de notre existence. Nous allons faire plus de place à la curiosité, aux prises de risques (même petites), aux situations nouvelles. Et nous allons sans doute ainsi reprendre le contrôle sur notre vie et pouvoir lui donner la direction que nous voulons, au fond de nous, lui donner. Évidemment, nous serons amenés à accueillir plus de succès, mais à faire place à plus d'échecs aussi. C'est le jeu de l'audace. Il nous faut voir ce que ces échecs nous apportent comme messages pour nous faire avancer sur notre chemin.

---

14. Pierre Portevin et Daniel Kerrigan, *op. cit.*, p. 15-16.

Pour pratiquer la juste audace pour nous, Pierre Portevin et Daniel Kerrigan nous proposent d'élargir notre zone de confort à notre zone de développement. Dans notre zone de confort, nous vivons dans une réalité connue, à laquelle nous sommes habitués. Élargir le cercle de notre zone de confort à celui de notre zone de développement nous permet d'être confrontés à de nouvelles situations, à des défis. Il s'agit d'oser plus, d'oser assez, sans pour autant oser trop, car nous serions alors dans le troisième cercle concentrique : celui de la zone de panique où nous nous sentons complètement dépassés. C'est dans la zone de développement que nous pouvons connaître ce que le psychologue Mihaly Csikszentmihalyi appelle le « flow » : cet état de grâce dans lequel nous sommes quand nous mettons nos compétences et nos talents, notre motivation, notre concentration et notre énergie au service d'une activité qui nous apporte de la joie et dans laquelle nous perdons complètement la notion du temps. Nous serions alors non seulement dans la performance, mais aussi dans le bonheur !

> **« Je n'échoue jamais.**
> **Soit je gagne, soit j'apprends. »**
> – Nelson Mandela

Chapitre 8

Théorie des petits pas et célébration

La puissance des petits pas…

Pour gravir une montagne, regarder le sommet peut certes être stimulant, mais cela peut aussi provoquer découragement et renoncement. Et si l'on voyait plutôt les étapes et les refuges qui vont nous conduire à notre objectif ?

Pour avancer sur le chemin du changement, c'est pareil : progresser pas à pas peut nous permettre d'aller petit à petit vers un objectif ambitieux. C'est ce que l'on appelle la « théorie des petits pas », qui est inspirée de la méthode Kaizen. Il s'agit d'une méthode d'amélioration continue appliquée dans les entreprises industrielles au Japon pour relancer l'économie après la Seconde Guerre mondiale alors que le pays était en ruine. Les principes du Kaizen apportèrent rapidement des résultats spectaculaires. Ils ont été repris dans de nombreux domaines tels que la médecine ou la psychologie. La théorie des petits pas est également largement pratiquée en développement personnel. Dans tous les cas, le principe est le même : se fixer des objectifs qui sont petits et progressifs pour arriver lentement, mais sûrement, à un grand objectif.

Quand on a un objectif et que l'on n'ose pas se lancer, faire un premier petit pas vers ce but peut nous aider à voir ce que cette modeste réalisation donne comme résultat. Cela permet de nourrir notre confiance en nous, de nous donner du courage. Quand on aspire à un changement, mais que l'on est pris dans la routine, créer des espaces pour des petits pas vers ce changement peut nous apporter des bulles d'air dans notre quotidien et nous permettre de ressentir à quoi pourrait ressembler ce changement et nous y conduire... pas à pas. Cette méthode permet d'autre part de désamorcer progressivement nos inquiétudes et nos peurs. Un petit pas apporte un petit résultat certes, mais un résultat quand même, et cela nous met dans une dynamique positive vers le second pas et les suivants. Nous avançons ainsi de manière agréable.

On sait que le cerveau fonctionne plutôt en mode « économie d'énergie » : il préfère la continuité et la routine au changement. Toutefois, il est aussi stimulé par la nouveauté. Et si on lui présente petit à petit des choses nouvelles, il va construire des habitudes inédites et fournir la quantité d'énergie nécessaire pour y répondre. Ainsi, le secret du Kaizen réside dans l'effet cumulé de ces petits pas : en additionnant les petits résultats, les petits succès, on arrive l'air de rien à un changement profond. C'est cette théorie des petits pas que Julien a appliquée :

« Je n'ai jamais aimé les risques. Alors j'ai laissé faire, j'ai commencé petit, avec ce que j'avais et puis, au fur et à mesure, j'ai développé mon activité agricole. J'ai commencé avec quelques ruches, et puis, peu à peu, j'ai développé d'autres actions. Et en parallèle j'ai réduit progressivement mon temps de travail dans l'enseignement : 75 % d'abord, puis 50 %. »

« L'homme qui déplace une montagne commence par déplacer des petites pierres. »

– Confucius

Célébrer les succès et pratiquer la gratitude

Quand on pratique la théorie des petits pas, il est important de célébrer les petits succès obtenus. Comme on l'a vu précédemment, notre cerveau a une préférence pour la routine, mais on peut l'habituer au changement. Et pour l'aider, rien de tel que d'associer une petite récompense à un objectif atteint, à un petit pas réalisé. Notre cerveau sera ainsi plus enclin à accueillir le prochain mini-défi que nous lui proposerons. C'est ainsi que fonctionne la motivation pour notre cerveau : en associant une récompense immédiate à un résultat.

Pratiquer la gratitude peut nous aider en période de changement, en appréciant par exemple ce que l'on reçoit (et pas seulement ce que l'on donne). Car quand on s'est mis en chemin vers un objectif avec lequel on est aligné, on constate souvent que des portes s'ouvrent : des opportunités se présentent, des rencontres s'organisent... Et même quand on est en difficulté, des mains se tendent. Sachons voir et apprécier cela et faire preuve de gratitude. Ainsi, vous pouvez manifester de la gratitude pour ce moment que vous avez passé avec un ami et au cours duquel il vous a donné le nom d'une personne qui a mis en œuvre un projet similaire au vôtre et qui acceptera bien volontiers de partager son expérience avec vous. C'est une petite chose, certes, mais qui représente un pas sur le chemin que vous avez choisi...

> **« Suivez votre bonheur et l'univers vous ouvrira des portes là où il n'y avait que des murs. »**
>
> – Joseph Campbell

Chapitre 9

Cultiver une attitude positive

Quand on aspire à du changement, pour vivre la vie que nous avons envie de mener, il est préférable d'adopter une attitude positive face à la vie, ne pensez-vous pas ? Porter un regard positif sur nous-mêmes, sur les autres et sur les situations que nous rencontrons peut déjà changer beaucoup de choses et être un changement de vie en soi ! Et si nous choisissions de développer un état d'esprit positif ? Cela veut dire concrètement activer nos « antennes à positif », c'est-à-dire choisir de voir ce qui va bien, toutes les choses positives que nous rencontrons, plutôt que de ne voir que ce qui va mal et les problèmes qui parsèment nos journées. Cela ne veut pas dire chausser des lunettes roses et devenir naïf. Car même en choisissant une posture positive face à la vie, notre chemin sera malgré tout ponctué de contrariétés, mais nous pouvons choisir de les voir différemment. On ne peut peut-être pas changer la situation, mais on peut modifier notre manière de l'aborder. Si, par exemple, nous ratons notre train de quelques minutes, nous pouvons bien sûr nous plaindre et maudire la terre entière car nous allons devoir attendre et que nous arriverons plus tard que prévu à destination. Nous pouvons également considérer que ce n'est pas si grave et que nous allons mettre à profit ce temps pour aller acheter cette revue dont un ami nous a parlé il y a quelques jours et que nous avions envie de découvrir.

En plus du regard que nous portons sur les situations, nous avons tout intérêt à soigner notre discours, à choisir nos mots. Si notre regard est plus positif sur la vie, il y a fort à parier que nous allons nous exprimer de manière plus positive. Nous ne dirons pas : « J'ai raté mon train et j'ai dû attendre trente-cinq minutes dans les courants d'air de la gare, et en plus je suis arrivée plus tard que prévu chez moi. » Nous dirons : « Comme j'avais un peu de temps devant moi en attendant le train suivant, j'en ai profité pour aller acheter cette revue que je rêvais de découvrir suite à une conversation avec un ami. » Quelle différence ! Et à l'inverse, notre discours peut avoir une influence sur notre perception de la réalité. Comme aime le dire Christine Lewicki : « Je crée ma réalité avec mes mots[15]. » La qualité de notre communication, le choix de nos mots, la manière dont nous nous exprimons ont un impact direct sur la qualité de la perception que nous avons de notre réalité. Quel pouvoir nous avons là ! D'une part, en choisissant les mots de nos conversations quotidiennes, nous allons influencer la perception de notre réalité. D'autre part, en choisissant une vision positive de la situation, nous la vivons et la racontons de manière plus positive également : nous sommes de ce fait plus positifs et percevons donc les autres situations de manière plus positive. C'est en réalité un cercle vertueux qui se met en place. Et cerise sur le gâteau, j'ai l'intuition que cette « positive attitude » est contagieuse. Avez-vous remarqué comme on est soi-même dans des dispositions plus positives quand on côtoie des gens optimistes et enthousiastes ? Vous imaginez l'effet boule de neige que nous pouvons engendrer autour de nous ?

---

15. Christine Lewicki, *op. cit.*, p.137.

Nous avons donc un réel pouvoir de changer notre vie en choisissant de développer une attitude et une parole plus positives, car nous allons ainsi voir des opportunités que l'on n'aurait peut-être pas vues autrement, provoquer des rencontres qui n'auraient pas eu lieu sans cette posture. En activant nos « antennes à positif », nous attirons à nous le positif, ce qui peut bien entendu nourrir considérablement une intention de changement de vie ou un projet en cours.

Chapitre 10

Patience et persévérance

Nous sommes aujourd'hui dans une société de l'instant et du « tout, tout de suite ». Nous n'acceptons plus d'attendre, nous voulons tout immédiatement et sans effort. Or un changement suppose du temps, du travail, des efforts, et même des échecs !

Alors autant développer la patience et la persévérance. On ne peut pas avoir réussi avant d'avoir commencé ! Il faut développer un certain goût de l'effort et trouver du plaisir dans le chemin à parcourir, et pas seulement dans le fait d'atteindre la destination. Ainsi, nous devons accepter que tout n'arrive pas tout de suite. Nous devons franchir des étapes, suivre une progression... Et c'est sans doute bien ainsi, car ces étapes nous permettent de nourrir notre projet initial, de l'enrichir, de le réajuster peut-être, de le vivre...

Ce n'est certes pas toujours confortable, mais c'est là que la théorie des petits pas et la célébration trouvent tout leur sens. Elles nous invitent à avancer pas à pas et à prendre conscience et nous réjouir de chaque étape franchie, voire à nous octroyer une mini-récompense pour un succès obtenu. Comme on l'a vu, cela nourrit notre motivation.

Écoutons Vanessa et Nadia, deux adeptes de la patience et de la persévérance :

« Au début de ma carrière d'enseignante, j'ai été confrontée à des changements importants. J'étais jeune et on m'envoyait à 700 km de chez moi prendre un poste dans un collège difficile, dans une région où je ne connaissais personne. Pour faire face à ces changements, j'ai dû faire preuve de patience. Parfois il faut accepter de faire une pause pour observer, réfléchir, modifier des détails. Il faut parfois prendre du recul, mais certainement pas en première instance s'affoler ou renoncer. Moi, j'agis dans la lenteur et j'ai appris que ce sont rarement les premiers chemins qu'on explore qui nous mènent loin... »

« Quand on veut faire aboutir un projet ou développer son activité, il faut avoir de la persévérance et de la discipline. Il faut être prêt à travailler, à consacrer des heures et des heures à son projet. Moi, j'ai conçu la grande partie de mes programmes de formations en ligne le soir. Et je n'avais pas toujours envie de bosser après avoir mis mes enfants au lit. Mais on n'a rien sans efforts. »

Chapitre 11

Une curiosité en éveil

•

Quand on se lance dans un projet ou que l'on met en œuvre un changement, notre curiosité est en général en éveil. Tout ce qui touche de près ou de loin à notre idée retient notre attention qui est en alerte. L'idée est de pouvoir cultiver cette curiosité pour entretenir la flamme de notre projet et lui permettre de s'enrichir et de se renouveler en fonction des envies et besoins. Cette curiosité peut être nourrie par des rencontres et par des formations. Il ne faut pas hésiter à se former, à investir en soi au service de son projet. On peut se former à son activité-cœur (coaching, pâtisserie...), mais aussi à des disciplines connexes (gestion, comptabilité, marketing, communication...), car souvent, quand on lance une activité nouvelle, on doit accepter de porter plusieurs casquettes.

Sœur de la curiosité, la capacité d'adaptation sera précieuse pour nous renouveler au fil du temps. Et le plus souvent nos ressources adaptatives sont insoupçonnées... Peut-être parce que nous avons eu du mal à les mettre en œuvre dans un environnement où nous étions moins à notre place. Par contre, dans le cadre d'un projet qui nous tient à cœur, qui mobilise nos talents et qui nous met en joie, notre curiosité est plus naturellement en alerte et notre capacité à nous adapter également.

Chapitre 12

Un brin de douceur

Comme nous l'avons vu, mener à bien un projet de transformation n'est pas un long fleuve tranquille. Dans ce parcours, il est tout aussi précieux d'accepter de fournir des efforts que de pouvoir faire preuve de douceur vis-à-vis de soi-même. Il est bon de se faire confiance et de croire en sa capacité à évoluer. On se découvre parfois des ressources que l'on ignore, comme par exemple la capacité à faire face à une grande difficulté alors que l'on a du mal à en gérer de bien plus petites.

Faire preuve de douceur envers soi-même, c'est se traiter avec bienveillance, c'est aussi accepter que nos actions ne soient pas toutes parfaites. Et si l'on se disait que, même si tel résultat est imparfait, ce n'est pas grave, c'est un peu de nous, qui ne sommes pas parfaits non plus, qui sommes tout simplement humains ?

Faire preuve de douceur envers soi-même, c'est aussi se faire confiance et puiser dans sa propre motivation, c'est oser, c'est sortir de sa zone de confort et se dire que l'on va y arriver car on est animé par l'envie et le feu sacré. Dans des situations de changement, y compris dans le cas de reconversions, on peut très souvent avoir recours à des compétences acquises dans un autre cadre, certes, mais transposables. On repart rarement de zéro.

Faire preuve de douceur envers soi-même, c'est enfin ne pas être trop exigeant et pouvoir manifester une certaine compassion quand on rencontre des difficultés ou des montées émotionnelles qui sont inévitables dans des processus de changement. Dans ce cas, il faut peut-être avoir vis-à-vis de soi-même le comportement que l'on aurait envers un ami, car souvent on est rude avec soi-même quand on n'atteint pas un objectif aussi bien ou aussi vite qu'on l'aurait voulu.

C'est à vous !

Au terme de cette partie dédiée aux facteurs de succès, je vous invite à identifier :

- deux facteurs de succès qui font d'ores et déjà partie de vos atouts et sur lesquels vous pouvez vous appuyer, car vous les avez déjà expérimentés et identifiés comme des forces en vous ;
- deux facteurs de succès que vous aimeriez voir devenir des alliés pour vous. Ce sont sans doute des points qui ne font pas partie de vos pratiques actuelles (ou pas assez), mais que vous aimeriez adopter et appliquer désormais. Choisissez-en deux qui vous font envie et dans lesquels vous vous voyez vous investir avec plaisir et discipline...

Partie V

Les 10 freins au changement

Quand on soulève le rideau et que l'on entrevoit au travers de la fenêtre le changement auquel on aspire, on peut ressentir de la joie, de la curiosité, de l'excitation, mais aussi des doutes, des peurs et des angoisses : autant de freins pour franchir le cap du changement. Ces appréhensions sont plus ou moins fortes, elles durent plus ou moins longtemps et peuvent générer différents comportements selon les personnes et leurs tempéraments. Chez certains, elles vont déclencher de la procrastination, cette tendance à remettre à plus tard la réalisation d'une idée. Chez d'autres, ces peurs peuvent devenir paralysantes et empêcher toute action qui mènerait vers le changement et la mise en œuvre du projet pourtant souhaité.

Si l'on peut rencontrer ces peurs avant une prise de décision, on peut aussi les ressentir après. Parmi les personnes que j'ai rencontrées, certaines ont vécu une période déstabilisante avant de franchir le cap d'un choix important, mais ont été soulagées une fois cette étape passée. D'autres, en revanche, ont été poursuivies par le doute et l'angoisse même une fois la décision prise.

Mais alors, que faire quand on rencontre ces peurs ?

Peut-être d'abord s'autoriser tout simplement à être fragile pendant cette période. Et se dire que, certes, on traverse un moment qui n'est pas confortable, mais que c'est sans doute également une occasion d'évoluer, d'aller vers la vie que nous voulons vraiment pour nous-mêmes, une opportunité de prendre le temps de s'aligner avec qui nous sommes véritablement afin d'ensuite créer les conditions pour construire la vie à laquelle nous aspirons et ainsi connaître plus de bonheur et d'épanouissement.

On peut se souvenir aussi que notre cerveau aime fonctionner en mode « économie d'énergie », donc sans dépenser trop pour s'adapter au changement, mais qu'il possède aussi une certaine dose de curiosité pour casser la routine. La pyramide de Maslow (voir page 16) nous indique combien l'homme aspire à un certain accomplissement quand les besoins les plus basiques ont été satisfaits. On peut donc, en douceur, confronter notre cerveau à des changements pour qu'il s'y accoutume, y prenne goût et développe de nouvelles habitudes...

N'oublions pas non plus que nous sommes, parfois, sans le savoir, notre meilleur ennemi, et que nos peurs alimentent notre résistance au changement. Beaucoup de nos peurs sont finalement de bons prétextes pour ne pas aller vers le changement. On finit par croire nous-mêmes à toutes ces bonnes raisons de ne pas y aller. C'est ce que l'on appelle des « croyances limitantes » et négatives au sujet de notre propre personne. Comme le dit Christophe Fauré, quand il parle plus précisément des personnes en milieu de vie, « nous aspirons tous à un mieux-être ou à une amélioration de notre qualité de vie et, pourtant, quand nous commençons à entrevoir les changements assez fondamentaux qui accompagnent la transition de milieu de vie, nous prenons peur[16] ».

Alors osons aller à la rencontre de ces peurs. Les reconnaître plutôt que de les nier. Les identifier et les comprendre. D'un point de vue étymologique, « comprendre » vient du latin et signifie « prendre avec ». Prendre nos peurs avec nous pour les apprivoiser et qu'elles ne représentent plus des freins. Les comprendre aussi pour ne pas se tromper de peurs : une peur peut en effet en cacher une autre. Il y en a qui ne sont pas objectives. On peut croire que l'on n'a pas les compétences pour mener à bien tel projet, alors qu'en réalité c'est dans le risque financier que réside notre crainte principale. On peut croire que l'on va se retrouver en difficulté financière, alors que ce n'est dans certains cas pas

16. Dr Christophe Fauré, *op. cit.*, p. 78.

une peur objectivement fondée. Aller à la rencontre de ses peurs et les accueillir permettra de démêler les vraies des fausses.

Je vous propose de faire le tour des peurs principales que j'ai pu identifier comme des freins au changement au travers des témoignages des personnes que j'ai rencontrées.

Chapitre 1

La culpabilité et la peur du qu'en-dira-t-on

Quand on envisage de faire de la place pour un changement plus ou moins grand dans son existence, notre élan peut être freiné par le sentiment d'être coupable de quelque chose. Cette culpabilité vient souvent du regard des autres, réel ou imaginaire d'ailleurs. On peut en effet être confronté à des réactions réelles de personnes de notre entourage ou tout simplement les imaginer, les anticiper. Dans les deux cas, elles peuvent constituer un frein.

Ainsi, on peut avoir l'impression d'être fautif de ne pas honorer l'investissement que nos parents ont fait en nous en finançant des études coûteuses si l'on se rend compte après quelques années de vie professionnelle que cette soi-disant voie royale ne l'était pas tant. On peut culpabiliser et avoir l'impression de se comporter comme un enfant gâté.

On peut aussi ressentir de la culpabilité quand, après avoir été pris dans le tourbillon d'une vie professionnelle au rythme soutenu, la vie nous a invités à nous arrêter un temps, à appuyer sur « pause » pour nous (re)poser. C'est le cas des personnes qui se retrouvent en arrêt de travail parce qu'elles étaient en souffrance dans leur environnement professionnel, après un burn-out ou sans activité après un licenciement ou une rupture conventionnelle qui n'est pas immédiatement suivie d'une autre activité. On peut alors se sentir victime du regard des autres sur « celui qui ne travaille pas ».

Thomas témoigne de cette peur du regard d'autrui :

« J'étais en souffrance dans mon travail. Alors je suis parti. J'ai fait des petits boulots pour rester en activité, mais ça ne me convenait jamais vraiment. J'ai peur du regard des autres parce qu'aujourd'hui je ne travaille pas. Je me sens un peu en dehors du circuit. Ça fait un an... Chaque matin, c'est un peu comme si le train s'était éloigné, les gens sont partis travailler et moi, je suis resté sur le quai. Et j'ai l'impression que ceux qui me voient me jugent. »

Le sentiment de culpabilité ou d'un manque de loyauté peut également surgir quand on s'écarte du chemin sur lequel ceux que nous aimons nous voyaient. On peut ressentir de l'appréhension en prenant ce chemin de traverse ou bien même simplement en s'imaginant l'emprunter.

On peut aussi éprouver de la gêne à l'idée d'éclipser les autres en nous réalisant. On redoute que les autres se sentent dans l'ombre de notre réussite et de notre accomplissement.

Sur le chemin du changement, il nous faudra apprendre à reconnaître cette culpabilité et cette peur du qu'en-dira-t-on pour progressivement s'en affranchir et s'autoriser à mener notre barque sans se laisser entraver par les contraintes sociales et familiales. Cela suppose de développer notre confiance en nous et en notre projet, ce qui nous permettra d'affirmer devant autrui notre envie et notre besoin de changement.

Certains projets ou changements de vie supposent évidemment d'embarquer les autres avec nous, si par exemple on est en couple et/ou que l'on a des enfants.

Pour désamorcer cette peur du qu'en-dira-t-on, on pourra notamment rechercher du soutien auprès de ceux qui sauront reconnaître et soutenir cette énergie de vie que nous avons. Je vous invite pour cela à (re)lire le chapitre 3 « Une bonne dose de soutien » dans la partie sur les facteurs de succès.

Chapitre 2

Les peurs de nos ancêtres

On peut être confronté, sur le chemin vers le changement, à des peurs, parfois inconscientes, qui sont des craintes dont on a hérité, mais qui ne sont pas vraiment les nôtres. Elles se manifestent comme un signal face à une situation de danger qu'un de nos parents ou grands-parents a pu rencontrer. Nous avons été marqués d'une manière ou d'une autre par cette peur qui s'exprime dans notre quotidien, mais sans être forcément justifiée. C'est une réminiscence de l'histoire d'un ancêtre dans notre présent.

Pour pouvoir avancer, il nous faudra démasquer ces peurs qui ne nous appartiennent pas. Parfois, des conversations avec des membres de notre famille nous révéleront des histoires que nous ne connaissions pas et qui nous permettront de comprendre l'impact que ces peurs familiales ont sur nous et de nous en affranchir. Dans certains cas, l'accompagnement d'un thérapeute peut être précieux pour nous aider à reconnaître ces peurs et nous en libérer.

Nathalie nous raconte comment elle a ressenti le poids des blessures de ses ancêtres :

« Quand j'ai eu envie de changer de voie et de quitter le salariat, je n'en ai pas parlé tout de suite à mes parents. Je me suis rendu compte comme j'étais empreinte de peurs qui n'étaient pas les miennes. Mon père regrettait de ne pas avoir fait d'études, et il a développé un rapport au travail particulier, nourri de l'envie d'un statut meilleur, de la crainte du chômage et de la peur de manquer. Moi qui avais fait des études supérieures et qui étais salariée, je voulais quitter ce statut si enviable et si sécurisant aux yeux de mes ancêtres ! J'ai compris plus tard combien j'avais renoué, sans m'en rendre compte, avec ces blessures qui n'étaient pas les miennes, mais qui nourrissaient mes peurs. C'est important de prendre le temps de désamorcer tout cela. »

Chapitre 3

La peur de manquer

Le frein financier est certainement l'obstacle le plus important pour ceux qui envisagent un changement de vie touchant leur activité professionnelle. Ainsi, l'argent représente un frein au changement pour 47 % des Français, et ce taux monte même à 58 % pour la tranche d'âge des 35-40 ans[17]. Le besoin de sécurité est très marqué chez les Français, alors que notre pays est l'un de ceux qui accompagne le plus les créateurs d'entreprise et les personnes en reconversion, notamment par des subventions et de la formation.

Si l'aspect financier est critique dans une réflexion sur un éventuel changement de vie, ne pensez-vous pas que parfois cette peur en masque d'autres et sert de prétexte ? Mais alors comment faire la part des choses entre nos inquiétudes légitimes et fondées et celles qui relèvent d'autres paramètres ?

J'ai évoqué la question de l'argent avec chacune des personnes que j'ai rencontrées dans le cadre de l'écriture de ce livre et j'ai pu mesurer à quel point cette question est abordée différemment par chacun et combien notre relation à l'argent peut être complexe. Dans notre société, l'argent résonne souvent avec d'autres notions comme celles

17. D'après le sondage YouGov réalisé pour *Management*, n° 303, juin-juillet 2022, p. 50.

de puissance, de sécurité et de plaisir. Notre rapport à l'argent est éminemment conditionné par ce que l'on nous a transmis pendant notre enfance et notre jeunesse. Et tout cela remonte évidemment à la surface quand il est question d'apporter dans notre existence des changements qui auraient un impact sur nos revenus.

Ainsi, certaines des personnes interrogées – ce n'est pas la majorité – m'ont confié en toute transparence que la question de l'argent n'avait pas été un frein dans leur décision car elles pouvaient se reposer sur un conjoint qui assurait largement les revenus du ménage. Ces personnes ont donc pu se lancer dans une activité professionnelle qui les attirait plus, mais qui leur rapportait nettement moins. Pour d'autres, au contraire, l'idée de dépendre un peu plus de leur conjoint représentait un frein car elles souhaitaient conserver une indépendance financière.

Comme l'ont souligné plusieurs des personnes interviewées, il est prudent de faire un point sur sa situation financière et de ne pas se lancer dans une nouvelle activité aux revenus incertains quand on a par exemple un crédit important à rembourser. Au-delà du business plan que nous avons abordé dans la partie des facteurs de succès, il peut être utile et rassurant d'« envisager le pire » et de se constituer des réserves dans lesquelles puiser si l'on connaît une « période maigre ». Le business plan constitue une étape importante pour être plus factuel et plus objectif : les chiffres pourront contribuer à nous rassurer ou nous orienter vers ce qu'il faut revoir dans le volet financier de notre projet.

En France, l'État et même certaines entreprises attribuent parfois des aides à ceux qui veulent se lancer dans une nouvelle activité. Ce coup de pouce peut être très précieux et lever – en partie – le frein financier d'un projet de reconversion. Alors, pourquoi ne pas se renseigner pour lever ce frein en trouvant le dispositif qui sera le plus adapté pour vous accompagner dans votre projet ?

Parmi les personnes que j'ai rencontrées, plusieurs invitent à revenir à une question basique : « De combien ai-je *vraiment* besoin pour vivre ? » Le *vraiment* a évidemment toute son importance dans cette question car il ouvre la porte à l'éventualité de ne pas forcément maintenir les mêmes revenus et le même niveau de vie qu'aujourd'hui. On en vient ainsi à la question de nos valeurs, de nos priorités. Que voulons-nous mettre en premier dans notre existence ? Et quelles sont les choses, présentes dans notre vie d'aujourd'hui, qui ne sont peut-être pas essentielles et dont on pourrait se passer ?

En effet, si nous ne voyons pas clair dans nos choix de vie, on va bien entendu penser d'abord à la sécurité financière. Mais si nous sommes alignés avec nos valeurs et nos priorités et que notre projet est relié à une aspiration profonde, on va naturellement revoir nos attentes financières. Nous serons alors plus enclins à faire des ajustements. Nous serons plus ouverts à reconsidérer nos vieux réflexes, notre manière de penser nos dépenses et à faire preuve de créativité sur nos besoins financiers. Être clair sur nos valeurs va nous aider à définir ou redéfinir ce qui nous est vraiment nécessaire en termes de revenus. Et diminuer son niveau de vie devient parfois une évidence quand on a compris que notre bonheur était ailleurs ! Même la contrainte financière peut être une belle occasion de se rapprocher de ses valeurs. Ainsi, des personnes font le choix d'une reconversion professionnelle supposant moins de revenus et se tournent dans le même temps vers le marché de la seconde main, qu'elles trouvent par ailleurs vertueux et aligné avec des préoccupations écologiques qu'elles partagent.

Les témoins suivants nous font part de leur rapport à l'argent et de la manière dont ils ont vécu la baisse de revenus consécutive à leur changement de vie :

« J'ai vécu un très beau changement de vie vers 35 ans : on vivait à Paris avec ma femme et nos deux enfants. On gagnait bien notre vie. J'étais directeur commercial dans l'informatique et je souffrais des embouteillages. Un jour, il y a eu l'embouteillage de trop qui a représenté le catalyseur de notre changement de vie. Et puis, avec ma femme, on voulait un troisième enfant et, à Paris, le prix du mètre carré était tel que nous aurions dû tendre vers un poste avec encore plus de responsabilités et mieux payé pour nous offrir un logement pour cinq. Alors on a quitté Paris, on a quitté nos jobs – sans savoir ce qu'on allait faire comme boulot – pour un meilleur équilibre de vie, à Lyon. On a préparé ce départ évidemment, et on s'est aussi questionné sur nos priorités. La famille passait avant tout. Comme on était inarrêtables dans notre projet, on a reconsidéré nos besoins financiers et on a fait quelques ajustements... »

« Pour moi, le manque d'argent ne se fait pas sentir. Une amie m'avait dit, et c'est vrai, que quand on se rapproche de la vie à laquelle on aspire, on a des besoins différents. Certains ressentent moins le besoin de vacances et c'est mon cas : on est moins fatigué puisqu'on est plus heureux et on dépense aussi moins d'énergie à lutter contre soi-même.

Je fais malgré tout le constat que l'argent rentre moins vite que prévu, alors on a revu nos besoins, nos dépenses et nos priorités. Je n'ai pas voulu faire de sacrifice sur l'alimentation : manger sainement reste une priorité pour moi. Par contre on vit dans un logement plus petit et mes enfants ne portent plus de vêtements neufs, mais c'est bien, car ce choix est finalement cohérent avec les valeurs d'écologie et de sobriété que je défends par ailleurs. »

« Il est important de sécuriser l'aspect financier, on ne peut pas faire n'importe quoi quand on a une famille. Il faut imaginer le scénario le pire et se constituer un pactole : se dire par exemple, quand on se lance, que la première année on ne va rien gagner du tout. C'est comme quand on part en bateau : si on se lance dans un tour du monde, on prévoit des vivres en conséquence !

Ensuite, il faut se demander « De combien ai-je besoin par mois pour vivre ? » et considérer que tout ce qui est au-delà est du bonus. Avec ma femme, on souhaitait maintenir notre niveau de vie, continuer à habiter où l'on habite, ne pas faire de sacrifices sur les loisirs des enfants.

Quand on sait qu'on va gagner moins – au moins pendant un temps –, se pose la question du rapport à l'argent, à la rentabilité, au plaisir matériel... Dans le quotidien, on adopte d'autres réflexes : on trouve des plans B, d'autres manières de faire. Je souhaitais m'acheter une moto pour mes trajets pro et j'ai acheté une moto d'occasion plutôt qu'une neuve. J'ai adapté certaines décisions en fonction de mon choix professionnel, essentiel pour moi : on passe tellement de temps au boulot que c'était pour moi une priorité de se faire plaisir en travaillant. J'ai complètement revu mon rapport à la retraite aussi : je ne l'attends pas spécialement puisque je m'éclate dans mon job et que je suis heureux aujourd'hui. »

« Il faut se dire que, finalement, il n'y a que trois choses qui sont essentielles, d'un point de vue matériel, pour vivre : un toit, des vêtements et de quoi manger. Il faut se dire qu'il y a toujours une solution, il suffit de la trouver. Et puis surtout, il ne faut pas se justifier de ne pas avancer dans nos projets à cause de nos enfants : si les parents vont bien, il ne faut pas tant d'argent, les enfants ont une adaptabilité forte. Si on peut leur montrer que tout est possible, c'est la plus belle des formations. »

Travailler plus ou travailler moins ? Gagner plus ou gagner moins ?

On pense parfois qu'en faisant le choix d'une reconversion, on va forcément travailler plus et gagner moins. Et c'est en effet le cas d'une partie des personnes qui ont changé d'orientation. Mais ce n'est pas toujours le cas non plus. En effet, certaines personnes rencontrées retrouvent dans leur nouvelle activité leur niveau de rémunération précédent, voire le dépassent ! On peut donc effectivement, en changeant de vie, travailler plus et gagner moins ou travailler autant – voire plus – et gagner plus !

Certains font le choix délibéré de changer de vie pour travailler moins, quitte à gagner moins, et ce pour vivre mieux, c'est-à-dire pour se rapprocher de leurs choix de vie. Il y en a qui vont même jusqu'à dépenser le moins possible pour... travailler le moins possible, et ce, en lien avec des priorités choisies.

Stéphanie a fait le choix de privilégier une activité qui lui plaît :

« Je n'ai jamais eu des jobs qui me rapportaient beaucoup d'argent. Aujourd'hui, en me tournant vers un métier d'artisanat et en m'installant à mon compte, je souhaite privilégier la qualité de vie sur les revenus. Je suis tellement heureuse de me consacrer enfin, à 50 ans, à une activité qui me plaît et que j'ai choisie ! Il faudra que je développe mon activité et que je me fasse connaître, mais je ne veux pas, comme certains artisans qui gagnent peut-être bien leur vie, faire des semaines de 70 heures. »

Gagner et dépenser différemment

Quand on est indépendant, on développe nécessairement une relation différente à l'argent car il y a un lien direct entre l'activité et les rentrées financières, et l'on est potentiellement soumis à une variation des revenus dans le temps et à un manque de stabilité. Certaines des personnes que j'ai rencontrées sont passées du salariat à l'entrepreneuriat et m'ont expliqué à quel point elles avaient davantage l'impression d'avoir gagné leur argent, car le lien était plus direct entre leur action et l'argent reçu.

Et si ces indépendants savourent plus que les salariés la valeur de l'argent gagné, certains constatent aussi qu'ils consomment différemment, de manière plus réfléchie et consciente.

C'est le cas de Sandrine et de Charles et Christine :

« Quand on se lance dans une activité indépendante et artisanale, il faut parfois accepter de travailler plus, mais de gagner moins. Et puis on a les yeux rivés sur le chiffre d'affaires et non plus sur sa fiche de paie. J'ai développé un autre rapport au résultat et à l'impact du travail fini. Dans mon cas, le circuit entre mon travail et le résultat est beaucoup plus court que dans mon activité précédente : il commence par la production de mes chocolats et se termine à la caisse avec le client qui a le sourire. Je vois le lien direct entre mon travail et ce que je gagne. »

« Depuis notre changement de vie, nous considérons toujours le volet financier par rapport à la qualité de vie. On gagne deux fois moins qu'avant, mais on travaille trois fois plus. On gagne moins, mais ça nous va bien parce que l'argent que l'on gagne a plus de valeur, et celui qu'on dépense aussi. On retrouve du sens dans la valeur de l'argent. Tout a pris du relief. Et puis dans une activité de service comme la nôtre, il y a une notion de « don », de « don de soi ». L'intention est importante. Par exemple, quand on prépare le repas du soir pour des hôtes, il y a bien sûr le rapport entre le coût des produits achetés et le prix du repas, mais il y a aussi le temps passé à préparer ce repas, l'intention mise dans la décoration des assiettes... »

Il se peut parfois aussi que, même en ayant revu nos priorités et nos besoins, une activité qui nous apporte beaucoup de plaisir ne nous rapporte pas assez de revenus pour vivre. On peut être confronté à des difficultés que l'on n'avait pas mesurées avant de se lancer. Faut-il pour autant y renoncer ? Non, pas forcément ! Il y a des solutions. Et là aussi les personnes qui sont vraiment alignées et animées par un désir profond de réaliser cette activité vont s'adapter. Il est possible de combiner une activité dont les revenus seront plus sûrs avec une activité-passion qui ne rapporte pas assez pour en vivre. Certaines personnes jonglent entre une activité de salarié, à temps partiel, et une activité en tant qu'indépendant, comme en témoigne Nadia :

« Je combine plusieurs sources de revenus : à côté de mon entreprise, j'ai conservé un job de salariée à mi-temps. Au début, j'aurais voulu ne travailler que de ma passion au travers de mon entreprise. Aujourd'hui, ça me va d'avoir une activité de salariée. J'ai d'ailleurs souvent combiné plusieurs activités et cela présente l'avantage de nourrir l'intellect. J'aimerais un jour ne vivre que de mon activité. Pour cela, je travaille à augmenter mon chiffre d'affaires, diversifier les canaux pour toucher plus de clientes (activité en présentiel et en ligne) et multiplier les sources de revenus... »

Chapitre 4

L'incertitude et la prise de risque

Même s'il a préparé son voyage depuis des mois et dispose d'un bateau très bien équipé, le meilleur marin du monde n'est pas à l'abri d'une tempête ou d'une avarie. Incertitude donc... Risque d'être secoué par des vagues très hautes et des vents violents, risque de devoir réparer son bateau pendant quelques jours ou quelques semaines... Le marin renonce-t-il pour autant à prendre la mer ?

Tout changement, même minutieusement préparé, comporte une part de risque et d'impondérable qu'il nous faut accepter et ne pas voir systématiquement comme une menace absolue. Dans le cadre d'un changement de vie, l'incertitude peut prendre différents visages : vais-je réussir ? Vais-je aimer cette nouvelle voie ou ce nouveau cadre de vie ? Vais-je gagner suffisamment ? Nous n'avons aucune garantie que notre changement sera une réussite, que notre quotidien sera meilleur qu'avant, ni même que nous serons plus heureux... Mais nous n'avons pas non plus cette garantie si nous choisissons de ne rien changer !

Laissons la parole à Orianne et Nathalie qui nous confient les peurs qu'elles ont ressenties au moment d'entamer leur changement de vie :

« J'ai accepté d'être licenciée et de quitter l'entreprise qui m'employait. Je venais de faire ce que pendant des années j'avais eu peur de faire. Je n'avais pas de projet. C'était la plus difficile des décisions que j'ai eues à prendre, mais la meilleure !

J'ai réalisé que j'étais face à des peurs. En réalité, il fallait sauter, aller vers la peur, se rendre compte que ce n'était "que ça"...

Je prenais conscience que j'allais hyper bien, que j'étais encore plus forte, que j'étais toujours vivante, et même encore plus vivante !

J'avais une sensation de vide sous les pieds, puis très vite cette force de me dire : "Je l'ai fait !" Je ressentais une grande fierté et une grande joie qui me donnaient de l'énergie pour aller de l'avant, même si rien n'était encore très clair dans ma tête pour la suite. »

« Quand j'ai quitté l'entreprise où j'étais salariée, j'ai connu une période très angoissante. Une véritable traversée du désert... J'ai rencontré toutes sortes de peurs. Ça a été très éprouvant. Il faut affronter nos peurs et faire le tri pour d'une part ne pas se tromper de peurs et d'autre part être aligné avec soi-même.

Quand j'ai quitté ma vie d'avant, c'était comme si je conduisais une Ferrari (je la voyais rouge), qui roulait très vite, et que tout à coup, j'en étais sortie. J'étais évidemment flageolante. J'avais osé sortir de la Ferrari certes, mais je ne savais pas faire autre chose que conduire une Ferrari. Je devais apprendre à marcher. Ma voie était autre. Mais je ne savais pas encore quoi faire. »

Si l'incertitude peut être paralysante, on peut aussi la transformer en une force, en un moteur. Il convient tout d'abord de ne pas rester bloqué dans l'inaction, mais au contraire de se mettre en mouvement et de poser des actes. Ainsi, on se donne la chance d'avancer et la possibilité de réajuster. Petit à petit, nous allons ainsi apprivoiser l'incertitude et développer une confiance dans notre capacité à y arriver quoi qu'il arrive, étant entendu que « y arriver » ne veut pas dire atteindre son objectif exactement dans le délai prévu et de la manière imaginée au départ. Peut-être le voyage prendra-t-il plus de temps que prévu et peut-être aurons-nous emprunté quelques chemins de traverse. Peut-être aurons-nous changé de cap en cours de route. Et peut-être même certains d'entre nous aurons été contraints de faire demi-tour... Et alors ? N'est-ce pas le propre d'un voyage dans lequel nous aurons osé nous lancer, mais qui comportait sa dose d'incertitude ? Dans tous les cas, ce voyage, cette expérience nous aura fait grandir et nous aura permis de vivre, en nous adaptant chaque fois que c'était nécessaire. C'est souvent dans l'adversité que l'on se développe. C'est en choisissant de se mettre en déséquilibre – et donc en insécurité – que l'on grandit. Comme le dit Fabrice Midal : « J'ai donc lâché la corde pourrie à laquelle je me raccrochais et j'ai sauté, croyant aller dans le vide alors qu'en réalité, je fonçais enfin vers la vie. Je me suis peu à peu foutu la paix, c'est-à-dire que j'ai accepté de rester avec mes douleurs, mes interrogations, sans chercher de solution, en acceptant l'épreuve. J'ai appris à coïncider avec la réalité telle qu'elle est pour moi, à ce moment donné... J'ai accepté l'incertitude[18]. »

Par ailleurs, il est possible d'apprivoiser les risques, de les gérer, avec des méthodologies et outils dédiés. Leur approche se décline en général en plusieurs étapes et consiste à identifier les risques, avant de les analyser : vous êtes invité d'abord à noter, puis à décrire, les risques que vous identifiez dans le cadre de votre projet. Ces deux premières étapes permettent à elles seules d'objectiver les choses. Ensuite, la

18. . Fabrice Midal, *Foutez-vous la paix ! et commencez à vivre*, Flammarion, 2017, p. 96.

troisième étape propose de hiérarchiser les risques : il y a des risques majeurs, critiques, et d'autres d'importance moindre. À noter que la perception du « risque » peut être relative et personnelle. Ainsi, en fonction de la situation de chacun, l'aspect financier peut apparaître comme un risque fort ou moyen. La quatrième et dernière étape suppose d'imaginer une solution pour gérer chacun des risques, en fonction de son degré d'importance. Il s'agit d'anticiper la situation où tel ou tel risque se présenterait. Si ce type d'approche n'élimine pas les risques, elle permet de les maîtriser en leur accordant leur juste place et en élaborant la réponse adéquate.

> **« L'incertitude est la seule certitude qui existe, et savoir vivre avec l'insécurité est la seule sécurité. »**
> – John Allen Paulos

> **« Ne demande jamais ton chemin à celui qui le connaît. Tu risquerais de ne pas pouvoir t'égarer. »**
> – Rabbi Nahman de Bratslav

Chapitre 5

La perte d'un certain relationnel

Chez les personnes qui choisissent de quitter le milieu de l'entreprise et le statut de salarié pour se lancer dans une activité en tant qu'indépendant, on trouve souvent la crainte de perdre les relations professionnelles qu'elles ont tissées parfois au cours de longues années dans une entreprise. Certaines redoutent, avant le grand saut, de perdre cette composante, d'autres réalisent après coup combien elles y tenaient. Parmi les personnes que j'ai rencontrées, certaines m'ont avoué regretter le moment du café partagé avec les collègues le matin en arrivant sur le lieu de travail, ces moments d'échanges informels où l'on ne discute pas que du boulot, où l'on partage des difficultés et où l'on résout rapidement un problème. Certains ont craint aussi de ressentir la solitude, de souffrir d'isolement, avec même, pour certains, la peur de tomber en dépression.

Il est d'autant plus difficile de renoncer à tout cela quand on est sur le point de faire le choix d'une nouvelle orientation professionnelle, mais que l'on apprécie l'actuelle également. Ce n'est pas que l'on déteste toutes les dimensions de notre vie actuelle et que l'on veut la fuir, bien au contraire, on apprécie un certain nombre de points, mais on souhaite se tourner vers autre chose.

Cela ne veut évidemment pas dire que, si l'on pressent regretter de perdre ces relations, des moments partagés, une certaine convivialité, il ne faut pas franchir le pas vers cette autre vie professionnelle. Il est bon de réaliser tout ce que cette organisation nous apporte pour anticiper comment on va pouvoir reconstruire autre chose, autrement, dans notre nouvel environnement. Il s'agira peut-être d'entretenir des liens avec certains collègues. On sait que tous ne résisteront pas au temps, mais là n'est pas l'essentiel. Il nous faudra aussi, si ce manque se fait effectivement ressentir, créer d'autres relations en lien avec notre nouvelle activité. Et puis nous adapter, faire place aux nouvelles idées qui nous viendront en cours de route pour répondre à nos nouveaux besoins.

Nathalie témoigne de cette perte de lien social qu'elle a vécue :

« Quand j'ai réalisé que j'allais sans doute quitter mon job en entreprise pour cette autre mission par laquelle je me sentais appelée, j'ai ressenti de la peur et de la tristesse. Il me fallait renoncer à des choses que j'aimais. J'avais un salaire, une sécurité, des beaux bureaux, mais aussi un lien social qui m'était offert. C'était quand même bien. Je me sentais utile, toutes ces personnes qui travaillaient autour de moi avaient besoin de moi, m'appelaient. Je me sentais importante (j'avais beaucoup de mails), mais c'était une illusion… Je savais que tout cela ne suffisait pas pour me faire exister, mais j'avais aussi terriblement peur de la solitude, de me retrouver seule à la maison, comme une mère au foyer, j'avais même peur de la dépression. J'ai réalisé à quel point tout ce "système" me portait. »

Orianne a su trouver une solution pour remédier à la solitude de sa nouvelle activité :

« Quand on travaille dans une grande entreprise internationale et qu'on se retrouve tout à coup à travailler seule chez soi, ça peut faire bizarre. Il ne faut pas négliger cet aspect. Ça ne veut pas dire qu'il ne faut pas y aller, mais il faut essayer d'imaginer si on pourra faire face et comment... Ça permet d'anticiper et d'être prêt à réajuster au fur et à mesure. Moi par exemple, j'ai fait le choix d'un métier de céramiste. Il s'agit d'un métier hyper solitaire, alors que je ne suis pas du tout solitaire ! Comme j'ai réalisé, en faisant l'école à la maison pendant le confinement, que j'aimais ce rôle d'enseignant, j'ai décidé de donner des cours et d'animer des stages de céramique pour retrouver une dimension sociale dans mon job. »

Chapitre 6

La perte d'un statut et d'une certaine reconnaissance

« Vous faites quoi dans la vie ? » Quand on nous pose cette question, c'est souvent notre activité professionnelle que nous mettons en avant : « Je suis enseignante. » « Je suis manager. » « Je suis responsable marketing. » On se définit – en partie – par notre job. Notre activité professionnelle occupe une place importante dans notre identité et est extrêmement structurante pour certains d'entre nous. Parfois plus que nous le pensons... Que reste-t-il de tout cela quand on décide de changer de vie ? Certaines personnes peuvent alors ressentir un véritable vide existentiel, surtout si elles se sont construites par le travail tout au long de leur parcours. Elles sont alors confrontées à la question « Qui suis-je ? » : qui suis-je si je ne suis plus enseignante, manager ou responsable marketing ?

Si certains n'ont pas d'état d'âme et intègrent rapidement dans leur identité les changements choisis, pour d'autres il est peut-être plus difficile d'assumer de perdre un statut, avec la reconnaissance associée. Il n'est pas toujours évident de renoncer, par exemple, au statut de manager d'une équipe, surtout quand on appréciait ce rôle de capitaine et que l'on était estimé par les membres de son équipe. La peur du regard des autres peut nous guetter si l'on a l'impression, en perdant un titre, de perdre un prestige.

Parmi les personnes que j'ai rencontrées, plusieurs ont avancé sur ce chemin de l'identité en s'appropriant peu à peu leur nouveau rôle, en incarnant petit à petit leur nouveau métier avec une confiance croissante, même si, comme nous le confie Orianne, les débuts ont été un peu difficiles pour elle :

« Ce n'est pas toujours facile de renoncer au prestige du statut social. Au début, quand je venais de quitter mon entreprise et que je faisais les premiers pas dans ma reconversion vers le métier de céramiste, je ressentais parfois un malaise quand il fallait compléter des papiers à destination de l'école pour les enfants. Je me demandais ce que je devais mentionner comme profession, alors pendant un temps j'ai continué à indiquer que j'étais ingénieur. C'est bête... »

Chapitre 7

La peur de l'échec

Dans notre société actuelle, la réussite est placée sur un piédestal et empreinte de stéréotypes, et l'échec, quant à lui, n'est pas toléré, il est même pointé du doigt. Nous voulons non seulement réussir, mais réussir tout de suite, et sans accroc. Pas étonnant d'être paralysé par la peur d'échouer quand on envisage d'essayer une nouvelle voie à un moment de son existence ! On a tendance à regarder notre vie et nos expériences de manière binaire : soit on réussit, soit on échoue. Or, ce n'est pas si simple... et heureusement !

Un enfant qui apprend à marcher tombe un grand nombre de fois avant de pouvoir faire deux pas consécutifs. Et pourtant, chaque fois qu'il tombe, il se relève pour réessayer. Il recommence, encore et encore... Et la plupart du temps, il tombe et se relève avec le sourire, déterminé à y arriver.

> **« Si on n'apprend pas à échouer,**
> **on échoue à apprendre. »**
> – Tal Ben-Shahar

Et si l'on commençait nous aussi, dans notre vie d'adulte, par s'accorder le droit de se tromper et de ne pas y arriver du premier coup ? Et si nous intégrions le fait que chaque épreuve et chaque échec nous apprennent le plus souvent quelque chose ? Si au lieu de se morfondre de s'être trompé ou de ne pas avoir réussi quelque chose aussi facilement qu'on l'avait imaginé, nous considérions plutôt que cette difficulté ou cette erreur fait partie de notre apprentissage, qu'elle est porteuse d'un message pour la suite de notre parcours, nous allons, comme l'enfant qui apprend à marcher, nous relever pour poursuivre notre chemin. Si l'on rate, on va recommencer, différemment peut-être. Si l'on s'est trompé, on va essayer une autre voie.

Parmi les personnes que j'ai rencontrées, nombreuses sont celles qui ont été confrontées à des erreurs, mais parfois ces « faux pas » leur ont permis de réajuster certaines choses, de prendre conscience de ce qu'elles voulaient vraiment ou au contraire de ce qu'elles ne voulaient pas ou plus, comme Charles et Christine :

« Au début d'un nouveau projet, on fait forcément des erreurs... On tâtonne, on se cherche. Quand nous avons débuté nos chambres d'hôtes, nous avons cherché à nous faire connaître et donc à exploiter pour cela des canaux nombreux et diversifiés. Puis on a réalisé que certains canaux, plus commerciaux, nous permettaient certes de faire du volume, mais qu'on s'épuisait. Après quelque temps, nous avons osé renoncer à certains canaux et choisir ceux qui nous permettaient de toucher la clientèle qu'on visait. Un autre exemple : au début, nous proposions les tables d'hôtes tous les soirs de la semaine, mais en réalité, cela ne nous convenait pas par rapport à nos enfants : on ne mangeait aucun soir de la semaine en famille. Alors, on a pris la décision de ne plus proposer les tables d'hôtes les mercredis et dimanches soir. Il faut pouvoir prendre du recul par rapport aux choses et choisir. Oser dire non à ce qui ne nous convient pas et à ce qui s'éloigne de l'essence de notre projet. »

On peut rencontrer des problématiques qui semblent à première vue constituer un frein ou une difficulté… mais finalement on observe qu'autre chose se présente, qu'une autre porte s'ouvre. Ceci est une invitation à changer notre rapport à l'échec et à parfois considérer une difficulté ou un imprévu comme une occasion de regarder d'autres opportunités que nous n'aurions pas pu imaginer et qui ne se seraient pas offertes à nous sans ce soi-disant échec.

Et quand on sait que derrière un échec se cache parfois une opportunité, on peut même développer l'envie de tenter et cultiver l'audace d'essayer de nouvelles expériences. Si nous osons prendre le risque de nous tromper, nous nous donnons autant d'occasions supplémentaires de réussir, de découvrir des choses qui sont justes pour nous et qui nous permettent de nous rapprocher de la vie que nous souhaitons.

> **« La vie mettra des pierres sur ta route. À toi de décider d'en faire des murs ou des ponts. »**
>
> – Anonyme

J'ai aussi l'intime conviction qu'un projet n'est pas une fin en soi, mais que la vie réside aussi dans le chemin qui mène vers la réalisation de ce projet, avec ses aléas. Quand on développe cette pensée, on parvient vraiment à savourer le moment présent, à profiter de chaque étape sans être obnubilé par la destination finale, la réussite telle qu'on l'a imaginée. On est sans doute plus ouvert à accepter le fait que les choses ne se passent pas toujours comme prévu, que cela prend plus de temps, que l'on peut être amené dans des endroits où l'on n'avait pas prévu d'aller, mais on trouve du plaisir à les explorer puisque la vie nous y a conduits. C'est une aventure, un voyage, un chemin… C'est la vie…

On peut être tenté parfois de ne pas explorer une voie ou de ne pas se lancer dans un projet par peur d'échouer ou par peur d'obtenir un résultat médiocre. « Et si je me trompais ? », « Et si finalement, au lieu d'atteindre mon rêve, ça faisait flop ? ». Envahi par ces idées, on peut préférer renoncer. Et ceux qui ont été élevés dans la crainte de l'échec sont plus concernés que ceux qui ont grandi en s'entendant dire : « Vas-y, et si tu tombes, ce n'est pas grave, tu apprendras. » Les perfectionnistes sont aussi des profils qui vont moins oser essayer par crainte de l'échec car ils sont animés par cette croyance que tout doit être parfait... ou ne pas être. Et si, plutôt que de vouloir viser la perfection, l'objectif était de nous rencontrer nous-mêmes ? Nous, au travers de nos envies réelles, de nos désirs profonds, de nos rêves un peu fous pour leur faire de la place dans notre vie ? Et comme nous sommes humains, ce sera sans doute imparfait...

L'idée n'est pas de faire un parcours sans faute, mais de « toujours faire de notre mieux », comme nous l'enseigne le quatrième accord toltèque. Il s'agit de faire de son mieux chaque jour et dans toute situation, sachant que le mieux n'est pas le même pour chacun, ni le même chaque jour. Mais si l'on aime ce que l'on fait et que l'on fait de notre mieux, on ne se juge plus, puisque l'on a agi du mieux que l'on pouvait, et l'on trouve davantage de plaisir dans chacune de nos actions quotidiennes.

Comme le dit Fabrice Midal : « Ne soyez pas parfaits, soyez ambitieux ! Acceptez les failles, les lacunes, les imperfections... mais faites de votre mieux, à partir de ce que vous êtes, à partir de la réalité que vous avez en face de vous. Ne vous coupez pas de vous-même, ne vous coupez pas de la vie[19]. »

---

19. *Ibid.*

Alors offrons-nous ce cadeau, surtout si nous sommes dans un chemin de changement, d'oser expérimenter davantage, d'oser nous tromper plus souvent, avec à la clé la satisfaction de grandir, de découvrir aussi des trésors insoupçonnés. Sur le chemin du changement, il faut de la place pour les essais, les erreurs, les risques...

> **« La vie, ce n'est pas d'attendre**
> **que les orages passent,**
> **c'est d'apprendre à danser**
> **sous la pluie. »**
> – Sénèque

Chapitre 8

La peur de ne pas être légitime ou le syndrome de l'imposteur

•

Vous êtes atteint du syndrome de l'imposteur si vous êtes souvent envahi par le doute malgré des compétences et des réussites avérées, si vous avez fréquemment l'impression de ne pas être à la hauteur des missions qui vous sont confiées ou dans lesquelles vous vous lancez (« Qui suis-je pour vouloir écrire un livre ? »), si vous avez l'impression de tromper les autres et que vous craignez à tout moment d'être démasqué et que votre incompétence ne soit alors révélée au grand jour (« Ça y est, ils ne vont pas tarder à réaliser que je suis nul »). Quand vous réussissez, vous attribuez votre succès à des facteurs extérieurs : concours de circonstances, chance, présence de tierces personnes... (« Si j'ai réussi, c'est uniquement parce que j'ai eu la chance de croiser Untel il y a six mois. ») Par contre, quand il vous arrive d'échouer, vous vous considérez comme l'unique responsable, et vous trouvez dans cette situation la démonstration de cette incompétence dont vous essayez de convaincre le monde (« Je vous avais bien dit que j'étais nul »). Les compliments et les encouragements que l'on vous adresse ne vous aident pas, bien au contraire : ils accroissent le décalage entre la perception que les autres ont de vous et celle que vous avez de vous-même, ce qui vous fait vous sentir mal à l'aise (« Ils ne réalisent donc pas que je suis nul ? »). Vous avez finalement autant peur de l'échec que de la réussite.

Ce syndrome de l'imposteur est en lien avec une confiance en soi assez faible et trouve sa source dans la personnalité des individus, dans le contexte familial de leur enfance ou dans leur environnement professionnel qui peuvent favoriser le développement de fausses croyances ou de croyances limitantes. Vous vous dites par exemple : « Je n'en suis pas capable », « Je ne vais jamais y arriver », « Mais pour qui est-ce que je me prends ? », « Je ne suis pas assez doué », « Je ne suis pas assez intelligent »...

Les symptômes de ce syndrome sont en partie sains, car il est bon de se remettre en question régulièrement, mais quand leur intensité et leur fréquence deviennent trop importantes, ils risquent de constituer un véritable frein à l'action, voire de créer des situations qui nous donnent raison : à force de se limiter, de se dévaloriser, on finit par provoquer des échecs réels. C'est alors que l'on parle d'autosabotage.

Si le syndrome de l'imposteur et l'autosabotage peuvent se manifester dans des situations du quotidien, ils sortent évidemment le grand jeu quand il nous arrive d'avoir une idée formidable ou un projet qui nous tient vraiment à cœur. Mais alors comment aller de l'avant ? Comme en témoignent certaines personnes passées par là, il serait bon d'oser croire en nos rêves et de leur accorder plus de place qu'à nos doutes. Sortir de cette spirale négative et oser passer à l'action, parfois même modestement pour commencer, juste histoire de mettre un pied dans la porte et d'entrevoir ce dont nous sommes capables. C'est la théorie des petits pas dont nous avons parlé précédemment. On peut aussi apprendre à regarder nos petits succès et nos petites réalisations en souriant et en nous les attribuant, plutôt qu'en prenant peur ou en les détournant vers quelqu'un d'autre. La célébration des petits succès peut aider pour aller dans cette direction. Et puis nous pouvons bien sûr aller chercher le soutien de personnes-ressources dans notre entourage (famille, amis...) ou solliciter le support de professionnels.

Toutefois, soyons honnêtes, parfois ce n'est pas une question de confiance en soi. On s'invente des excuses pour ne pas faire preuve d'audace et rester dans le confort de ce que l'on connaît. On trouve d'excellentes raisons de mettre le couvercle sur une bonne idée ou l'embryon d'un super projet qui ne demanderait qu'à être creusé. Ainsi on sort notre propre responsabilité de notre sphère d'influence. C'est finalement une autre forme d'autosabotage...

> **« La grande question est de savoir si vous allez être capable de dire un "oui" franc et massif à votre aventure. »**
> – Joseph Campbell

Quand on se lance dans un nouveau projet ou dans une reconversion, on peut parfois avoir l'impression que nous ne sommes pas légitimes parce qu'il nous manque des compétences dans ce nouveau domaine. S'il nous manque effectivement et objectivement des compétences quand on change de métier, il est faux de penser que l'on repart de zéro. On emporte avec soi des compétences transposables, parfois insoupçonnées, une expérience et une maturité que l'on a développées tout au long de notre parcours et qui vont nous servir dans notre nouvelle orientation professionnelle.

Chapitre 9

Le faux frein de l'âge

Même si les chiffres nous démontrent que, parmi les individus qui changent de vie, toutes les tranches d'âge sont aujourd'hui représentées, l'âge reste un frein important pour certaines personnes. Influencés par l'âgisme qui marque notre époque, certains se considèrent comme « trop âgés pour changer de vie ». C'est comme s'ils se sentaient condamnés à poursuivre dans la voie dans laquelle ils sont engagés parce qu'ils ont tel ou tel âge !

Or, ce n'est pas le cas. On n'est pas obligé de rester toujours sur le même chemin ! En fonction de l'âge que l'on a, tous les choix ne s'offrent pas à nous, mais on a toujours la possibilité de modifier des paramètres pour que notre vie ressemble plus à celle dont nous rêvons. On ne va pas se lancer dans des études de médecine à 45 ans, mais on peut, si l'on a un intérêt réel pour la santé, reprendre des études courtes nous permettant de créer une entreprise dans une activité paramédicale (naturopathie, sophrologie...).

Parmi les personnes que j'ai rencontrées, plusieurs étaient dans la seconde partie de leur carrière quand elles ont choisi de se lancer dans une nouvelle activité supposant parfois de reprendre une formation comme Christine et Stéphanie :

« C'est après trente-trois ans de salariat que j'ai fait le grand saut et que je me suis lancée dans la thérapie avec les chevaux, ce qui avait supposé de suivre une formation dans ce domaine. Je suis heureuse et fière de m'offrir une fin de vie professionnelle qui me plaît bien : je me fais plaisir et j'apporte de la joie à d'autres. C'est le sourire des gens qui me motive, les enfants sont heureux d'être venus passer une après-midi au club. Évidemment je ne développe pas cette activité comme si j'étais au début de ma vie professionnelle. Le contexte et les enjeux ne sont pas les mêmes. J'avais des économies, je n'avais plus de crédit sur le dos et mon objectif est que ce dernier chapitre de ma vie professionnelle m'apporte avant tout sens, sérénité et joie. »

« J'ai passé mon bac sans enthousiasme, pareil pour mon BTS. Je suis contente aujourd'hui de me faire plaisir et de penser à moi. À 50 ans, je choisis enfin une formation et un métier qui me plaisent ! »

> **« Le temps qui nous reste à vivre est plus important que toutes les années écoulées. »**
> – Léon Tolstoï

Chapitre 10

L'effet de l'élastique

Et je reprends, en abordant ce dernier frein, une expression de mon ami Charles. L'« effet de l'élastique » se manifeste quand nous avons un beau projet, voire que nous sommes sur la rampe de lancement pour le réaliser, mais qu'une force contraire nous ramène vers « notre vie d'avant », avec le risque de ne pas accomplir le projet qui nous tient à cœur, tant la tentation peut être forte dans certains cas de ne finalement pas y aller et de rester dans le confort de ce que nous connaissons bien.

Ces situations viennent nous titiller, challenger notre motivation et mettre à l'épreuve notre volonté de réaliser notre projet. Parfois, ces circonstances représentent un élément essentiel pour aller de l'avant et nous diriger avec encore plus de détermination vers notre projet. Il faut tenir bon et rester connecté surtout aux valeurs qui nourrissent nos choix et nos envies de changements. C'est ce qui est arrivé à Charles et Christine et à Nathalie :

« On a commencé à rêver, à imaginer différents changements de vie. Des idées assez concrètes commençaient à germer... Puis il y a eu cette proposition d'une promotion dans l'entreprise dans laquelle j'étais salarié : on me proposait un poste de directeur informatique ! C'est ce que j'appelle « l'effet de l'élastique » (et là c'était un gros élastique) : on a un projet, et on est ramené à notre vie d'avant par certains événements. Ce sont comme des tests pour valider notre projet, mettre à l'épreuve la solidité de notre motivation. On peut avoir un rêve, et puis il y a la réalité. Pour ma part, j'ai fait sauter l'élastique, j'ai décliné la proposition de promotion, me libérant ainsi de ma vie d'avant pour me lancer dans notre nouveau projet. »

« Une fois que j'avais quitté l'entreprise dans laquelle j'étais salariée, j'ai été rappelée pour une mission de quelques mois dans cette même entreprise. Je me demandais si j'allais y aller ou pas... C'était confrontant par rapport à ma décision. J'ai accepté, mais j'ai négocié de ne pas travailler à temps plein, sinon cela n'avait pas de sens par rapport à mon projet. J'ai craint à un moment que cette expérience ne me ramène en arrière par rapport au chemin que j'avais entamé, mais c'est tout le contraire qui s'est produit car j'ai été confrontée à tout ce que je n'aimais pas : gestion de nombreux fichiers Excel, périmètre international... Cette expérience fut un véritable cadeau de la vie pour me conforter dans mon choix. »

C'est à vous !

Au terme de cette partie dédiée aux freins aux changements, je vous invite à :

- choisir deux freins qui vous habitent et que vous souhaitez apprivoiser : inscrivez-les dans votre carnet. Osez porter votre choix sur deux des peurs dans lesquelles vous vous reconnaissez le plus et dont vous avez envie de prendre soin sur le chemin que vous allez emprunter dans les semaines/mois à venir ;
- noter ensuite dans votre carnet les premiers pas que vous allez faire pour apprivoiser ces peurs, les personnes-ressources qui pourront vous aider ou dont vous pourrez solliciter le support et/ou le témoignage, inspirant peut-être pour vous…

Conclusion

Vous arrivez bientôt à la fin de ce livre. Nous avons fait ensemble un bout de chemin... Comment vous sentez-vous ?

Sans doute avez-vous entamé ce livre avec des questionnements, une idée qui germait doucement dans votre tête, une envie diffuse de changement ou peut-être un projet en cours de réalisation. Dans tous les cas, j'espère de tout cœur que la lecture de cet ouvrage vous aura permis de trouver quelques clés pour avancer sur votre chemin...

La suite de l'histoire est en vous. Portez une attention particulière à votre boussole intérieure qui saura vous indiquer à tout moment ce qui est bon pour vous, prenez l'habitude d'écouter les messages de votre corps (sensations) et de votre cœur (émotions) : ils seront d'excellents guides vers vos envies et vos besoins. Ils pourront également vous être précieux pour définir votre cap et dessiner le chemin pour y arriver. Que vous souhaitiez mettre en œuvre de petits ou de grands changements, dans la sphère professionnelle ou personnelle de votre vie, cette réflexion n'est pas toujours un long fleuve tranquille. Nombreux peuvent être, comme nous l'avons vu, les freins et les résistances. Toutefois, il existe aussi des ressources sur lesquelles s'appuyer et qui constituent de véritables facteurs de succès.

Comment voyez-vous votre vie à venir ? Quelles sont vos priorités, vos valeurs, vos incontournables ? Qu'avez-vous absolument envie de réaliser dans les dix, vingt ou trente prochaines années ? Quel est ce talent que vous rêvez de révéler et que vous gardez enfoui en vous ? Quels sont les changements, petits ou grands, que vous souhaitez mettre en œuvre dans votre vie ? Il vous appartient de choisir ce que vous voulez pour vous-même, maintenant... Peut-être le voyage vous semble-t-il impressionnant et vous donne-t-il le vertige, mais ne vous apparaît-il pas également comme passionnant ? C'est de votre vie qu'il s'agit. Alors avancez sur votre chemin, par petits pas, à votre rythme, sans craindre de faire fausse route, mais allez de l'avant. Les aléas font partie du voyage. Ne lâchez pas votre rêve si vous en avez un. C'est votre droit et peut-être même votre devoir – envers vous-même certainement, et envers le monde peut-être – de le réaliser. C'est de votre bonheur qu'il s'agit.

Les témoignages d'Alice, Camille, Caroline, Charles et Christine, Christine, Fanny, Françoise, Gilles, Julien, Laurent, Lina, Nadia, Nathalie, Orianne, Sandrine, Sophie, Stéphanie et Thomas, Valentine et Vanessa sont là pour vous indiquer comme l'histoire de chacun est unique.

Pour ma part, mon existence a changé ces derniers mois... En écrivant ce livre, j'ai réalisé un rêve. J'ai fait de la place dans mon quotidien déjà bien rempli pour ce projet d'écriture, mais que le jeu en valait la chandelle ! Recueillir tous les témoignages que vous avez lus, me plonger dans mes moments d'écriture m'ont procuré tellement de joie. J'ai trouvé du plaisir dans le chemin, indépendamment de la destination (je ne savais pas alors si mon livre allait être publié et je n'en faisais pas une finalité absolue). J'ai (un peu plus) confiance, désormais, dans le fait que j'oserai davantage à l'avenir, que je saurai faire d'autres choix alignés avec ce qui compte vraiment pour moi et créer de l'espace pour d'autres rêves.

Je vous invite à relire les notes que vous avez prises dans votre carnet tout au long de la lecture de ce livre, et notamment quand vous avez réalisé les exercices proposés dans les pages « C'est à vous ». N'hésitez pas à les compléter dans les semaines, les mois qui viennent, au fur et à mesure de l'avancement de votre réflexion. Faites preuve d'audace : osez permettre à la chenille qui est en vous de devenir papillon !

Avant de poser ma plume, j'ai à cœur de partager avec vous un cadeau que vous trouverez à la page suivante : une ode au changement et à l'audace. Belle écoute !

PLAYLIST

Le changement de vie en chansons

•

Les répertoires de la chanson francophone et anglophone comportent plusieurs textes qui font la part belle au changement de vie, à la capacité d'oser, à l'idée de réaliser ses rêves. Je partage avec vous ci-dessous quelques-uns de ces titres qui résonnent avec le sujet de mon livre et qui, pour certains, m'ont vraiment suivie quand j'écrivais. Puissent certaines de ces chansons vous accompagner dans votre réflexion du moment...

Ainsi, Barbara Pravi nous invite, pleine de douceur et de gravité, à « ne pas rester rouillée, coincée dans la routine ». Mieux vaut vivre avec des remords qu'avec des regrets ! France Gall, elle aussi, nous exhorte à résister, à « refuser une vie bien dirigée où on s'oublie, où on se couche sans aucun rêve en soi » et à plutôt « suivre son cœur qui insiste » car, comme nous le rappelle Christina Perri, nous pouvons chacun « être le vent qui apporte le changement dans notre existence » ! Inutile d'attendre que le vent nous l'apporte ! Bénabar va dans le même sens quand il nous dit qu'il ne croit pas au destin qui voudrait que « tout [soit] tracé ». Il affirme au contraire que notre vie nous appartient. À nous de l'écrire avec de jolis passages et des ratures... S'adressant à ses enfants, Grégoire nous invite à « vivre nos rêves » et à « choisir l'aventure », à faire valoir l'espoir, l'envie et à faire preuve de courage. Grand Corps Malade nous propose de considérer les chemins de traverse qui peuvent nous conduire à nos rêves. En complément, Jimmy Cliff nous rappelle combien la persévérance est nécessaire pour réussir et réaliser nos rêves. Billy Joël nous raconte comment assumer ses choix de vie, si l'on est heureux, malgré les désapprobations éventuelles de son entourage. De son côté, Jean-Jacques Goldman nous montre comment les personnes qui mettent « du talent et du cœur » dans ce qu'elles font (*ikigai*) changent la vie de personnes qu'elles côtoient. Au travers du Blues du businessman, Claude Dubois nous donne l'exemple d'un individu qui n'est « pas heureux, mais en a l'air » et qui regrette de ne pas « faire ce qu'il aurait voulu faire »...

- **Barbara Pravi, *Dommage* (reprise Bigflo & Oli)**
- **France Gall, *Résiste***
- **Jean-Jacques Goldman, *Il changeait la vie***
- **Grand Corps Malade, *Chemins de traverse***
- **Christina Perri, *Burning Gold***
- **Jimmy Cliff, *You Can Get It If You Really Want***
- **Claude Dubois / Starmania, *Le Blues du businessman***
- **Bénabar, *Le Destin***
- **Grégoire, *Mes enfants***
- **Billy Joël, *My Life***

Merci

À toi, Arnaud, mon mari, et à vous, mes enfants, mes trésors, Corentin et Amandine : vous avez eu confiance, avec moi, dans mon rêve... Vous m'avez soutenue dès le début et vous avez partagé ma joie à chaque étape de cette aventure extraordinaire que fut l'écriture de ce livre.

À toi, ma chère petite Maman, dont je suis si proche malgré la distance, au travers de « parlottes » régulières dans lesquelles peu à peu mon projet d'écriture a trouvé sa place. Tu as partagé mon enthousiasme d'avoir réalisé ce rêve.

À toi, Papa, trop tôt disparu pour tenir ce livre entre tes mains. Je suis intimement convaincue que, d'où tu es, tu es fier de moi.

À toi, Françoise, qui a assisté à la naissance de l'idée de cet ouvrage me permettant d'allier ma passion de l'écriture, ma fascination pour les changements de vie et ma joie de recueillir le récit d'individus au travers d'une interview.

À vous, Alice, Camille, Caroline, Charles & Christine, Christine, Fanny, Françoise, Gilles, Julien, Laurent, Lina, Nadia, Nathalie, Orianne, Sandrine, Sophie, Stéphanie & Thomas, Valentine et Vanessa qui m'avez ouvert la porte de votre existence, parfois de votre « chez-vous », et qui m'avez offert le récit de votre changement de vie. Chacune de ces rencontres fut pour moi un véritable cadeau. Vos récits étaient accompagnés de joie souvent, de larmes parfois, de sincérité toujours... Chacune de vos histoires m'a sincèrement touchée. Merci pour votre contribution sans laquelle ce livre n'aurait pas eu la même saveur.

À toi, Christine, pour les conseils délivrés au cours de ton mastermind et à chacune de vous, mes sœurs d'écriture, Camille, Caroline, Vanessa, Nolween, Céline et Lydia : nous avons cheminé ensemble pendant plusieurs mois et partagé nos avancées, nos difficultés, nos questionnements sur nos créations respectives...

À Pauline Gaillard, mon éditrice, au sein des éditions Vuibert : merci pour l'enthousiasme que tu as manifesté pour mon manuscrit dès le début de nos échanges. Ce fut un plaisir de travailler avec toi. Tout était confiance et fluidité. Merci également à Gwénaëlle Bourron-Painvin, directrice des éditions Vuibert, et à chacune des personnes qui, au sein des éditions Vuibert, ont contribué à la publication de ce livre. Merci également à Céline Haimé, qui a assuré la relecture de ce livre avant sa mise en page et à Justine Collin, qui a su mettre en beauté mon ouvrage par un graphisme et une couverture qui lui vont bien.

À la Vie pour tout ce qu'elle m'apprend, pour tout ce qu'elle distille sur ma route : rencontres, joies, découvertes, embûches, doutes : tout cela me permet d'avancer sur mon chemin et de devenir chaque jour un peu plus « qui je suis »...

Marie-Isabelle

Bibliographie

- Ben-Shahar Tal, *L'Apprentissage de l'imperfection. Ne plus avoir peur d'être soi*, Pocket, 2011.
- Coelho Paulo, *L'Alchimiste*, J'ai lu, 1998.
- Ducrocq Anne, *Le Courage de changer sa vie*, Albin Michel, 2004.
- Fauré Christophe, *Maintenant ou jamais ! La vie commence après quarante ans*, Albin Michel, 2020.
- Hendricks Gay, *Le Grand Bond. Surmontez vos peurs cachées et apportez une nouvelle dimension à votre vie*, ADA Éditions, 2010.
- Lemke Bettina, *Le Livre de l'ikigaï. Le secret du bonheur*, J'ai lu, 2019.
- Lewicki Christine, *Wake-Up ! Quatre principes fondamentaux pour arrêter de vivre sa vie à moitié endormi*, Eyrolles, 2014.
- Maurer Robert, *Un petit pas peut changer votre vie. La voie du kaizen*, Le Livre de Poche, 2020.
- Midal Fabrice, *Foutez-vous la paix et commencez à vivre*, Pocket, 2018.
- Portevin Pierre et Kerrigan Daniel, *Osez... ça change tout ! Ce que la science nous apprend pour une vie pleine de sens*, Le Souffle d'Or, 2017.
- Ruiz Don Miguel, *Les Quatre Accords toltèques. La voie de la liberté personnelle*, Jouvence, 1999.
- Vanbremeersch Christie, *Trouver son ikigaï. Vivre de ce qui nous passionne*, First, 2018.
- Revue *Management, Changer de vie : du rêve à la réalité*, n° 303, juin-juillet 2022.
- Podcast France Inter « Grand bien vous fasse ! », épisode *Comment oser le changement de vie ?*, 15 septembre 2020.

Dépôt légal : mars 2025 - N° d'éditeur : MAGSI20240543
Achevé d'imprimer en février 2025 en France par Chirat
N° d'impression : 202502.0063

PEFC 10-31-1895
FABRIQUÉ EN FRANCE
IMPRIM'VERT Votre imprimeur agit pour l'environnement